معجم
مصطلحات علم اللغة

معجم
مصطلحات علم اللغة

فرنسـي - إنكليـزي - عربـي
انكليزي - عربي - فرنسي

تـــأليـــف

د.توفيق عزيز عبدالله

أستاذ مساعد
كلية الآداب
قسم اللغة الفرنسية
جامعة الموصل

د.حسين علي أحمد

أستاذ مساعد
كلية الآداب
قسم اللغة الإنكليزية
جامعة الموصل

د.طلال يحيى ابراهيم

أستاذ مساعد
كلية الآداب
قسم اللغة العربية
جامعة الموصل

الطبعة الأولى
1431هـ-2010م

المملكة الأردنية الهاشمية
رقم الإيداع لدى دائرة المكتبة الوطنية
(2010/1/360)

413
البزاز، توفيق عزيز عبدالله
معجم مصطلحات علم اللغة/توفيق عزيز عبدالله البزاز، حسين علي أحمد، طلال يحيى
ابراهيم.- عمان: دار زهران، 2010.
( ) ص.
ر.أ : (2010/1/360)
الواصفات: / القواميس//اللغة العربية /

أعدت دائرة المكتبة الوطنية بيانات الفهرسة والتصنيف الأولية.

يتحمل المؤلف كامل المسؤولية القانونية عن محتوى مصنفه ولا يعبر هذا
المصنف عن رأي دائرة المكتبة الوطنية أو أي جهة حكومية أخرى.

المتخصصون في الكتاب الجامعي الأكاديمي العربي والأجنبي
دار زهران للنشر والتوزيع

تلفاكس : 5331289 – 6 – 962+، ص.ب 1170 عمان 11941 الأردن
E-mail : Zahran.publishers@gmail.com
www.darzahran.net

بسم الله الرحمن الرحيم

المقدمة

الحمد لله الذي من آياته اختلاف الألسن وتباين الألوان، ومـن رحمتـه أن ارسل كـل رسول بلسان قومه، لينذرهم يوم التلاق، والصلاة والسلام على المبعوث رحمة للعالمين سيدنا محمـد افصح من نطق بالضاد، وعلى آله وصحبه، وبعد :

فقد شغل الدرس اللساني الحديث في العالم الغربي مكانـا مرموقـا بـين العلـوم طـوال القـرنين الماضيين، وتفاعل مع الكثير من العلوم مؤثرا ومتاثرا، فحقق بذلك انجازات كبرى مـا كانـت تـدور في خلد اللغويين القابعين في قاعات الدرس قبل ذاك .

وأما دارسو العربيـة فكانوا في شغل عـن ذلك حتى نهايـة الثلـث الأول مـن القـرن المـاضي تقريبا[1]. وحينما اطلعوا على ما حققه الدرس اللغوي في بلـدان الغـرب بهر بعضهم لـذلك فتباينـت ردود افعالهم، فمال بعضهم الى ترجمة الاثار اللسانية الغربية، علة يساعد ابناء قومه في القضاء عـلى هذه الهوة الواسعة بين الدرس اللغوي الغربي والعربي .

الا ان حركة الترجمة هذه كانت غير خاضعة لخطة مدروسة، بل كـان يحكمهـا هـوى المـترجم، وخزينه المعرفي من اللغة التي يتقنها . فهذا يترجم كتابا قد مضى على صدوره قرن من الزمان، في حين يتلقف الاخر احدث ما ولدته المطابع الغربية، وبين هذا وذاك يراوح الآخرون !!

---

(1) الكلام هنا على الدرس اللساني حسب، وأما عن استيعاب العربية لمتطلبات المعطيات العلمية الوافدة، فالأمر اسبق من ذلك بكثير، وسيأتي بيانه.

وكان بعضهم يترجم كتابا في اللسانيات التي تعنى بالأصوال، وآخر يميل الى ترجمة اللسانيات المتخصصة في المستويات اللغوية، وآخر في اللسانيات التطبيقية، في حين شغل الاخر بترجمة اللسانيات المتصلة بالحقول المعرفية الأخرى.

ومما زاد الطين بلة تعدد المناهج، وسرعة معطيات الدرس اللساني، وتعدد مواردها الاقليمية وتنوعها، مع تباين شديد في ثقافة المترجمين بين متمكن في اللغة المترجم عنها مع فقر في المحصول التراثي، أو العكس، فنادرا ما نجد مترجما ضليعا باللغتين .

ولعل من كبرى المشكلات في هذا الصدد ايضا، انك قلما تجد - في المشرق العربي - مختصا باللغة العربية او علومها يتقن لغة اجنبية اتقانا يؤهله قراءة ما كتب عن اللسانيات بلغاتها الأصلية .

ولكل ما سبق كانت صورة الدرس اللساني مشوهة المعالم، مبددة الاطراف، واصبحنا في مطلع القرن الحادي والعشرين نقرأ لاساتذتنا من يقول ((ان البحث الالسني المعاصر بحث اوجدته ظروف اللغات الاوربية التي تختلف في انتماءاتها وبيئاتها وشعوبها المتكلمة بها، وتاريخها وطبيعتها، عن العربية وظروفها، اختلافا كبيرا يجعلنا في موقف رافض لكل ما يراد من الباحثين المعاصرين ان يسلكوه، أو يتعاملوا به مع العربية))[1] .

ونحن مع اجلالنا لهذا الحرص على لغة القرآن، واتفاقنا معه، لا نرضى ان نحرم انفسنا ولغتنا من معطيات الدرس اللساني الحديث، الذي اتسم بالعموم في اغلب مناهجه واصوله على الرغم من ولادته الغربية، والذي يلتقي اصول الدرس اللغوي العربي في كثير من المسائل، علاوة على ان العربية تأتي ان تلبس غير ثوبها، ولا سيما انها محفوظة بحفظ الله لكتابه العزيز، فضلا عن ان علم اللغة الحديث لا يقر بجواز اسقاط قواعد لغة ما على

(1) مباحث في علم اللغة واللسانيات : د.رشيد العبيدي، دار الشؤون الثقافية العامة - بغداد 2002 : ص67 -68.

غيرها وعلينا ان نبين هنا أن الافادة من مناهج البحث اللساني لا تعني تغيير اللغة بوجه، فاللغة وقواعدها باقية لا تتغير، وإنما التغيير سيكون في آلية توصيف هذه اللغة وقواعدها .

حتى اذا انتهينا من هذا المشكل، صرنا في مواجهة مشكل آخر هو : كيفية التعامل مع علم اللسانيات بلغاته الاجنبية ؟

لعل البداية المنطقية للدخول الى ذلك العلم تكمن في حسن التزود بمصطلحاته، ذلك ان مصطلحات أي علم هي المفتاح لولوجه، فهي المعبرة عن مضامينه وأفكاره، والكاشفة عن قضاياه ومرتكزاته، وكلما كانت المعرفة بالمصطلحات واضحة ودقيقة، كانت المعرفة بذاك العلم ادق واخصب، وكان زمن الاحاطة به اوجز واخصر ؛ ولهذا كان علم المصطلح أحد .

فروع علم اللغة التطبيقي :

ولكون اشكالية المصطلح هي جانب بارز من جوانب المشكل اللساني العربي المعاصر، وبغية تيسير الأمر على طلبتنا في اقسام اللغات (الفرنسية والانكليزية، والعربية) آثرنا ان نضع بين ايديهم هذا المعجم اللساني، الذي استوعب طائفة واسعة من الدوال المتخصصة في اللسانيات، والذي سياخذ بايديهم الى التعامل مع نصوص اللسانيات في لغاتها الحية، متجنبين تقديم المفهوم بصورة الجملة الشارحة، أو الحد التعريفي، حرصا منا على دقة ادراك الطالب للمدلولات في سياقها العلمي، بدل التشتت في تكوير فهم خاص للجملة الشارحة، او العبارة التوضيحية فضلا عن منافاة ذلك لسياقات مثل هذا النوع من الاعمال .

ولا يفوتنا هنا ان نشير الى ان طائفة من كتب اللسانيات المصنفة او المترجمة قد احتجنت ملاحق بمصطلحات الدرس اللساني بفروعه، الا ان عملنا هذا اتسم بشمولية اوسع بحكم موضوعه، فضلا عن كونه معجما ثلاثيا يتيح لمستعمله حظا اوفر في التعامل

مع كتب اللسانيات ونشير هنا الى اننا لسنا بغافلين عن ان التطور الهائل في وسائل المعلوماتية، جعل من إنشاء المعجمات المتعددة اللغات وسائل ناقصة الابلاغ، الا اننا على ثقة تامة ويقينية من ان يبقى لهذه المعجمات دورها الفعال في بناء قاعدة الانطلاق، سـواء في علـم اللسـانيات أم في بقيـة العلـوم، طالما كانت مشكلة المصطلح لدينا مزدوجة المعاناة بين كم هائل من مصطلحات تنتظر الحسـم، وبـين كم مجهول العدد يفد الينا مع كل جديد .

ولا بد في هذا المقام من بيان افادتنا واعتمادنا على بعض المصادر التي كان لهـا اثـر واضـح في عملنا، وهي :

قاموس اللسانيات : للدكتور عبد السلام المسدي : [عربي فرنسي/فرنسي عربي]، 1984.

معجم علم اللغة النظري : للدكتور محمد علي الخولي، 1982 .

وفي الختام نتضرع الى اللـه سبحانه وتعالى ان يجعل هذا العمل خالصا لوجهه، وان ينفع بـه قارئه ... هو حسبنا ونعم الوكيل

المؤلفون

الموصل

1424هـ – 2003 م

العربية ومشكلة المصطلح

ان البحث عن الدوال اللغوية المعبرة عن مدلولات المفاهيم العلمية، مسالة واجهت الانسان منذ خطت قدماه الى ميادين العلوم والمكتشفات، فهي مسألة قديمة ومتجددة دائما، طالما كان للعقل الإنساني حظ في الابتكار .

ولم يكن العرب بدعا من غيرهم، فقد استوعبت لغتهم في عصور ازدهارها مختلف العلوم التي لم يكن للعرب عهد بها . وشارك المسلمون والعرب في إنماء التراث العلمي العالمي وانضاجه في مختلف الميادين[1]، من دون ان تضيق العربية عن الاصطلاح او التعبير، سواء عما تلقوه عن غـيرهم، أم عما ابتكره العقل العربي المسلم من علوم .

وقد عرفت العربية التأليف في علم المصطلح العربي بشقيه العام والخاص[2]، وكان التأليف في المصطلح الخاص اسبق ظهورا، اذ نجد بواكيره في منتصف القرن الثالث مـن الهجـرة المباركـة، حينما وضع الكندي (ت 260هـ) رسالته في حدود الاشياء، فكانت أول معجم فلسفي عـربي مختص بعلم محدد، ثم توارد التأليف في حقول المعرفة المتخصصة بعد ذاك .

وأما على نطاق المصطلح العام (غير المختص بمصطلحات علم محـدد) فكانت البدايـة مـع أبي عبد اللـه محمد بن احمد الخوارزمي (ت 387 هـ) في : مفاتيح العلوم . وقد احصى احد الباحثين مـا ينيف على العشرين مصنفا في مجال المصطلحات العلمية في التراث

---

(1) اتخذت تلك المشاركة منحيين : الأول : بإشراف الدولة، كما في تعريب عبد الملك بن مروان الدواوين، وكذلك إنشاء دار الحكمة في عهد العباسين، فكانت منارا للتلاقح الفكري والحضاري العالمي . والثاني : كان شخصيا، تشهد له مكتبة عريقة، يناهز عمرها الأربعة عشر قرنا .
(2) استعملنا هذين المصطلحين بشيء من التجوز في هذا المقام .

العربي[1] . وحسب استقرائنا يصل العدد الى ضعف هذا، اذا تابعنا المصنفات المتخصصة، مما لا مجال للاستطراد فيه هنا .

وهنا تكمن المفارقة الغريبة في احتضان العربية لجميع العلوم المعروفة انذاك، من غير بروز لمشكلة المصطلح، في حين يعاني العرب الان من تحقيق الاتفاق الكامل في التواضع على مصطلحات العلوم، أو في الاتفاق على ترجمة المصطلحات، بل يصل الامر احيانا الى الاختلاف في المصطلحات الالفبائية لعلم كعلم اللغة مثلا، على الرغم من التطور الهائل والسريع في وسائل الاتصال وتبادل المعلومات وقد حاول باحث معاصر ارجاع سبب ذلك الى ان العرب بالامس . ((جابهوا المشكل اللغوي من موقع القوة والتفوق الحضاري، فخلصوا من كل مركب نفسيـ واليوم نواجهه من موقع منحدر))[2]، تقاصر عن مجاراة الواقع الحضاري الراهن، فضلا عن العجز عن هضم المحصول التراثي بدقة .

ويمكننا ان نستدرك بالواقع السياسي، فالعرب والمسلمون واجهوا تلك المشكلة بتمازج جماعي تام، في حين يواجهونه اليوم بواقع مجزأ، وباتجاهات ومرجعيات متباينة، على الرغم من الجهود الطيبة للمجامع العلمية والجمعيات اللغوية في تجاوز ذلك، مع تحفظ بعض الدارسين على هذه الجهات بعدم المعالجة الآنية، ذلك انها تنظر ان تشيع ((المسميات العلمية الطارئة، ثم تترسخ في الاذهان، وتستقر في كتب الدراسة والبحث، ويمضي عليها حين من الدهر، ثم تستيقظ الى وضع ما تجود به قرائح اعضائها))[3] .

(1) ينظر : المصطلحات العلمية في التراث العربي : د. عبد الله الجبوري، مجلة آداب المستنصرية، العدد الرابع 1979: ص 20.

(2) قاموس اللسانيات مع مقدمة في علم المصطلح : د. عبد السلام المسدي، الدار العربية للكتاب 1984:ص26.

(3) المصطلحات العلمية في التراث العربي : ص33.

ولكننا نظن ان سبب ذلك لا يعود الى هذه المجامع حسب، بل لابـد مـن تنسـيق مشـترك بـين القائمين على الترجمة، وهذه المجامع، حتـى تكون ولادة المصـطلحات طبيعيـة أولا، ومكتسـبة صفة الجماعية لا الفردية ثانيا فأنى لمصطلح يكون باجتهاد فردي أن يلقى قبولا من لدن الآخرين شـاهدين على انفسهم بالاتباع لا الابتداع !!

ولعل الانجازات الجادة التي قام بها مكتب تنسيق التعريب بالرباط، الذي قام بمهمـة تنسـيق المصطلحات منذ العقد السادس من القرن الماضي، حين أناطت جامعة الدول العربية به هـذه المهمـة كانت من الخطوات الجادة في تجاوز هذا العائق .

وسائل العربية في استيعاب المفهومات المستحدثة

من شأن اللغة - اية لغة - أن تزود ناطقيها بالدوال عن كل مستجد من المدلولات، اذا احسنوا استنطاقها وتفجير طاقاتها التعبيرية . فاللغة لا تقدم كشفا جاهزا بالثبت المصطلحي لاي علم، أو فن، أو مفهوم مستحدث ؛ لأنه - وببداهة - ثمة سبق زماني للمدلولات على دوالها الى حيز الوجود، فعلى الناطقين ان يستثمروا طاقات اللغة، ووسائل انمائها في استعياب المستحدث من المدلولات .

وتبقى اللغة بعد ذلك قادرة على العطاء والاستمرار ؛ ذلك انه ((ليس بوسع الاستعمال ان يستنزف كليا القاموس المعجمي الممكن))[1] لأية لغة، اذا تمكن ناطقوها من تثوير طاقاتها التعبيرية الكامنة . وخير مثال على ذلك ما حصل للغة الفرنسية، فالمجمع اللغوي الفرنسي حين اصدر معجمه في القرن السابع عشر كان يضم عشرين ألف مفردة، ثم ارتقى الى خمس وثلاثين الفا في القرن العشرين[2] . وعلينا هنا ان نقر ببديهة اخرى هي ((انه لا يمكن وصف مفردات لغة ما بانها (أفقر) أو (أغنى) من مفردات لغة أخرى، بالمعنى المطلق، اذ تمتلك كل لغة ما يكفي من المفردات لتمييز كل ما هو مهم للمجتمع الذي يستخدمها، ولهذا لا نستطيع ان نقول - بناء على وجهة النظر هذه - أن لغة ما اكثر (بدائية) أو (تطورا) من لغة أخرى))[3]، طالما ان اللغات جمعيا تشترك في وظيفة واحدة تؤديها بنجاح، وهي الإبلاغ والايصال .

---

(1) قاموس اللسانيات : ص 32.

(2) اللغة ووضع المصطلح الجديد : وجيه حمد عبد الرحمن، اللسان العربي مجلد (19)، ج1، السنة 1982: ص67.

(3) جومسكي : لجون لاينز : ترجمة :بيداء العبيدي، ونغم العزاوي، دار الشؤون الثقافية العامة - بغداد 2001 م : ص26.

فـاذا وجـدت اللغـة نفسـها ازاء تطـور حضـاري ومعـرفي جديـد، فانهـا سـتعيش (مخاض تولد الدوال)، حسب طرائق نموها الخاصة، لتواكب الوضع الجديد .

وما سبق منطقي جدا، اذا كان التطور الحضاري والمعرفي منطلقا من ذات الامة، اذ سيصاحبه انيا تطور لغوي مماثل . أما اذا طلبنا – مثلا – من لغة محدودة الاستعمال، ولم تكن للناطقين بها مشاركة في المنجزات الحضارية المعاصرة، ان تستوعب كل منجزات الحضارة الغربية دفعة واحدة، فانها ستنحسر خائبة امام كم هائل من المفهومات التي لا عهد لها بها، ويكفينا مثلا ان في حقل الهندسة الكهربائية ما يزيد على أربعة ملايين مفهوم[1]، يحتاج كل مفهوم الى مصطلح يخصص له.

ولكن اذا منح متكلمو هذه اللغة الفرصة السانحة للكشف عـن كل طرائـق تنميـة لغتهم، وتعاملوا بعقلانية مع الأمر الوافد اليهم، فإنهم سينجحون في استيعابه وتطويعه لقدرات لغتهم، ولـو بعد حين .

فاذا عدنا الى العربية التي تشرفت باداء كلام اللـه المعجز، من دون ان تنوء بذلك، وكانت لغة الحضارة العالمية ردحا من الزمان، فمن التجني على الحقيقة ان تتهم بالقصور في مجال استيعاب المصطلحات، اذ انها تمتلك من وسائل توليد الدوال ما يساوي – في أقل تقدير – ما تتمتع به أية لغـة حية، ان لم تزد بكثير .

ويكفينا ان نستعرض هنا بايجاز شديد أهم الوسائل التي تستوعب فيها العربية المفهومـات المستحدثة، في كافة مجالات الحياة . فأولها الاشتقاق الذي هـو بمعنـى الاقتطاع، فهو (افتعـال) مـن (الشق)، وهو مأخوذ في الأصل من قولهم : شققت الثوب، أومن :

---

(1) مقدمة في علم المصطلح : د. علي القاسمي، دار الشؤون الثقافية – بغداد 1985 : ص10.

انشقت العصا، فيدل ذلك على تفرق الأجزاء، فيكون كل جزء مناسبا لصاحبه في المادة والصورة[1]

ولم يبتعد المعنى الاصطلاحي عن هذا كثيرا، فهو : اخذ صيغة من اخرى مع اتفاقهما معنى ومادة أصلية، وهيئة تركيب، ليدل بالثانية على معنى الاصل بزيادة مقيدة[2] .

وحينما نتكلم عن الاشتقاق، فاننا نقصد الاشتقاق الصرفي أو التوليدي، لا الاشتقاق الكبير او الاكبر، اللذين يقصد بهما القلب والابدال، وهما ظاهرتان صوتيتان معجميتان محدودتا القيمة الوظيفية ازاء الأصل المعجمي .

والاشتقاق هو طريقة التوليد الدلالي الأولى في الغات التي تسمى : السامية (الجزرية)، ولعل العربية في مقدمة هذه اللغات التي عنيت بالاشتقاق ايما عناية، وذلك بسبب ((توليده قسما كبيرا من متنها))[3] . وليس ادل على ذلك من مقدرة العربية على الاشتقاق حتى من حروف المعاني يرشدنا الى ذلك ((قولهم : سألتك حاجة فلوليت لي، أي : قلت لي : لولا فاشتقوا الفعل من الحرف المركب من : (لو) و (لا) .))[4] .

ان مرونة الاشتقاق هذه منحت العربية القدرة البالغة على استعياب كل أو الغالبية العظمى من المدلولات التي واجهت العربية خلال قرون حياتها المتطاولة .

---

(1) البحر المحيط في اصول الفقة : الزركثي، تحقيق عبد القادر عبدالله العاني، الطبعة الأولى، مطابع كويت تايمز التجارية 1989 : 71/2.

(2) المزهر في علوم الغة وأنواعها : السيوطي، تحقيق : محمد أبو الفضل وآخرين، المكتبة العصرية - بيروت 1986:1 /346.

(3) دراسات في فقه اللغة : د. صبحي الصالح، الطبعة الخامسة، دار العلم للملايين - بيروت : ص175.

(4) الخصائص : ابن جني، تحقيق : محمد علي النجار، الطبعة الثانية، دار الهدى - بيروت : 37/2.

ونرى ان العربية قادرة على استيعاب كل مستجد في عصرنا هذا، ويكفينا ان نعلم ان عدد جذور لسان العرب يبلغ (9273) جذرا[1]، والجذر هو المعنى العام الذي تتخصص دلالته من خلال القوالب والموازين، وقوالب العربية غزيرة جدا، اوصلها السيوطي الى (1210)[2]، وما يدل منها على معنى محدد باطراد هو (253) حسب احصاء احد المحدثين[3]، كما تمتلك العربية مرونة فائقة وقدرة عالية على الاشتقاق، وهذه الصفات كافية جدا لتمكين اللغة من هضم كل جديد .

ونستطيع ان نعبر عما سبق بالشكل التوضيحي الآتي :

مرونة

جذور ⟵ موازين = مقدرة توليد عالية

الاشتقاق

ان هذا الثراء الاشتقاقي يقتضي من اللغة الإقلال من الاقتراض من اللغات الأجنبية، وهو ما اشار اليه ستيفن أولمان حين ذهب الى ان اللغة الغنية بالمصطلحات المشتقة من جذور أصلية غالبا ما تأبي اللجوء الى الاقتراض من لغات أجنبية .

وتنبغي الإشارة هنا الى ان شيوع استعمال المصطلحات المشتقة ليس بضربة لازب، فقد يكون ثمة مصطلح مشتق ويقابله مصطلح دخيل، الا أن الذوق اللغوي العام يمنح الشيوع للدخيل، في حين يقتصر استعمال المصطلح المشتق في نطاق ضيق . وهذا ما نلمحه في كلمة (راديو) ومقابلها المشتق (مذياع)، فقد شاعت الأولى على السنة الناس، في حين قبعت الأخرى داخل النصوص التي تؤدى باللغة الفصيحة، والشيء نفسه يقال عن كلمة (ميكروفون) و (مكبر الصوت) .

---

(1) احصائيات جذور لسان العرب باستخدام الكومبيوتر : حلمي موسى، الكويت 1972.
(2) المزهر 2 /4، واثر عن الخليل بن احمد الفراهيدي اضعاف هذا العدد.
(3) اللغة ووضع المصطلح الجديد : ص 75 - 76.

وأما الوسيلة الاخرى التي تستوعب فيها العربية المستحدث من المفهومات فهي المجاز، الذي يعد أحدى وسائل النمو المصطلحي في اللغات ومنها العربية والمجاز يعني : نقل الدال الى غير ما اصطلح عليه في اصل التخاطب، لوجود علاقة بين المدلول الأول والثاني .

ومن هذا يتضح لنا ان مكمن المجاز هو في (استعداد اللغة لانجاز تحولات دلالية بين أجزائها : يتحرك الدال فينزاح عن مدلوله ليلابس مدلولا قائما أو مستحدثا، وهكذا يصبح المجاز جسر العبور تمتطيه الدوال بين الحقول المفهومية))[1]، وبهذا يصبح الدال مشتركا لفظيا بين مفهومين قديم وحديث .

وقد يشيع اقتران الدال بمدلوله الجديد حتى يتناسى المدلول الأول، او قد تخفى - على كثير من الناطقين - النقلة المجازية للدال . ولنا في العديد من الالفاظ التي نقلت - في القرن الماضي - عن دوالها القديمة لتتلبس بمدلولات جديدة، خير شاهد على ذلك[2] . فمثلا تدل لفظة (السيارة) في المعجمات العربية على : القافلة [3]، وبهذا المعنى استعملها القرآن الكريم في قوله تعالى : (وَجَاءَتْ سَيَّارَةٌ فَأَرْسَلُوا وَارِدَهُمْ فَأَدْلَى دَلْوَهُ قَالَ يَا بُشْرَى هَذَا غُلَامٌ وَأَسَرُّوهُ بِضَاعَةً وَاللَّهُ عَلِيمٌ بِمَا يَعْمَلُونَ) [يوسف :19] .

ثم شاع استعمال اللفظة على (العجلة) المعروفة، حتى كاد الأصل أن ينسى لولا وروده في كتاب الله الكريم.

(1) قاموس اللسانيات : ص 44.

(2) ينظر : مقدمة في المصطلح : ص99.

(3) تاج اللغة وصحاح العربية : للجوهري 2 /691 مادة (سير).

والنحت[1] والتركيب من الوسائل التي هضمت فيها العربية الجديد من المفهومات ايضا، ولكن على قلة .

فاما النحت فهو دمج كلمتين[2] في كلمة واحدة، بعد الاستغناء عن عدد من المكونات الصوتية من احداهما او كليتهما، من غير ان يخضع هذا الاستغناء لقياس معين .

والنحت في العربية – كما اشرنا – قليل ولا سيما في مجال المصطلحات العلمية التي تحتاج الى التناسق الصوتي وخفة البنية ؛ لكونها شائعة الاستعمال في مجال التخصص .

ولا نريد الاطالة في الحديث عن النحت في العربية، ولا عن المفارقات التي وقع فيها بعض المحدثين في هذا المجال[3]، ليقيننا ان لكل لغة أو (أسرة لغوية) خصائصها الذاتية والموضوعية في مجال توليد الدوال، فان كانت اللغات الهندو أوربية تلجا الى النحت في توليد الكثير من الدوال، فان اللغات السامية (الجزرية) ومنها العربية قد عولت على الاشتقاق بالدرجة الاساس، لذلك ظل النحت فيها ((اسلوبا ناشزا، وقلما وفق اللاجئون اليه، ولو في ضرورات المصطلح العلمي))[4] . وهذا رأي جمهرة من اللغويين المحدثين، وهو الأرجح فيما يظهر، اللهم الا في مجال صناعة الادوية، فان للنحت دورا محدودا في اختيار المسميات.

_____

(1) نرى أن عد النحت ضربا من الاشتقاق، هو ادعاء غير موفق ؛ اذ فيه عنت ولبس في المفهومات.
(2) ذكرنا (كلمتين) فقط، ولم نقل (أو اكثر)كما هو شائع ؛ لأن ما زاد عن الكلمتين مثل : (حوقل) هو من المختصرات، وليس من النحت بالمعنى الدقيق، كما ذهب الى ذلك انيس فريحة، وهي وجهة نظر نراها مقبولة.
(3) ينظر : دراسات في فقه اللغة : ص 243، وعوامل تنمية اللغة العربية : د. توفيق محمد شاهين :   ص 102.
(4) قاموس اللسانيات : ص: 30

واما التركيب فهو ذو علاقة قوية بالنحت إذ يتحصل من دمج كلمتين معا، دونما ان يكون ثمـة استغناء عن أي مقطع من الكلمتين، فتحتفظ الكلمتان ببنيتهما من دون حذف أو تغيير، كما في قولنا : هزة أرضية، ورجل اعمال، وغارة جوية، ... وما شابه .

ولعل الذائقة اللغوية العربية المعاصرة تستسيغ التركيب اكثر من النحت، ومع هذا فكلاهمـا قليل في مجال المصطلحات .

ويؤيد ما نذهب اليه احصائية اجراها احد الباحثين[1] على معجمين، احدهما : للفيزياء، والآخر : للنفط، صدرا عن مكتب تنسيق التعريب بالرباط، أوضح فيها ان مجموع مفردات معجم الفيزياء هو [5126]، فيها [50] مفردة معربة او دخلية، و [8] مفردات فقط مركبة او منحوتة .

واما معجم النفط فقد حوى [3802] مفردة، منها [78] مفردة معربة أو دخلية، [5] مفـردات فقط مركبة او منحوته .

ولعل هذه النسبة الضئيلة للكلمات المنحوتة والمركبة تكشف عـن استسـاغة الذائقـة اللغويـة المعاصرة لاستقبال الدوال الدخلية أكثر من استساغتها للدوال المتمحضة عن النحت او التركيب .

و (المعرب والدخيل) هما من وسائل اللغة في التعامل مع الدوال الوافدة، فاما التعريب فهو – كما يقول صاحب الصحاح – في اصل اللغة يعني : قطع سعف النخل، وهو التشذيب، ومنه تعريب الاسم الاعجمي : وهو ان تتفوه به العرب على منهاجها.[2]

---

(1) اللغة ووضع المصطلح الجديد : ص 73.
(2) الصحاح (تاج اللغة وصحاح العربية) 179/1 مادة (عرب)

والتعريب بدلالته الاصطلاحية قريب جدا من دلالته اللغوية، إذ هو استقبال الـدال مـن لغـة اخرى، بعد اجراء التشذيب عليه، أي : بعد تطويعه لمقاييس اللغة، حتى يتلاءم مـع نظامهـا وأبنيتهـا، وهو ما أفصح عنه صاحب الصحاح .

قد يبدو احيانا انه من غير المجدي اجتراح دال مـن ذات اللغـة لكـل مـدلول جديـد يغـزوك، وحينئذ يكون التعريب حلا امثلا في الضرورة في احتواء الجديد، عـلى أن لا يصبح هـذا ديـن لنـا، بـل تجب مراعاة ذلك . فقد عاشت العربية حياتها منفتحة تقترض وتقرض، ولا ترى في ذلك باسا طالما انه يدور في فلك الحاجة الفعلية لمتكلمي اللغة.

وحينما خاطب القرآن الكريم العرب خاطبهم بما الفوا من اساليب الخطاب، فـوردت في اثنائـه طائفة من الكلمات المعربة، التي استقبلتها العربية والفها الناس واشـتقوا منهـا، ولم ينكـر احـد مـن العرب على رسول الـله (ص) ذلك، وكذلك الحال حينما سادت العربية العالم بسيادة الاسلام فاعطت العديد من لغات العالم الكثير من الألفاظ، وعربت العديد من المصطلحات مـن دون ان ينكـر منكـر، أو يشكل ذلك قضية خاضعة للأخذ والرد بين اسلافنا.[1]

واما الدخيل : فهو الدال الذي تستقبله اللغة مع ابقائه على هيئة من دون ان تخضعه لطبيعة انظمتها، فيبقى غير مطوع لمقاييس اللغة . وغني عن الاشارة ان حال الدخيل اشد من حال المعـرب، ولكن متكلمي اللغة قد يلجأون اليه حينما لم يوفقوا في ايجاد البديل من خلال طرائق توليد الدوال او لأسباب نفسية أو اجتماعية ليست لها علاقة مباشرة باللغة .

---

(1) ثمة كلام طويل على التعريب، وموقف المجامع اللغوية منه، وتباين مواقف الباحثين منه، ولكنه لا يخرج في محتواه العام عما او جزناه. ينظر مثلا : فقه اللغة العربية : د. كاصد الزيدي : ص312، وتنمية اللغة العربية في العصر الحديث : ص 90 -114.

وعلى الرغم من كل ذلك يبقى متكلمو اللغة هم الـذين يتحملـون مسـؤولية النهـوض بهـا، أو الارتداد بها، فقد ((كانت اللغة العبرية لغة ميتة لا يعرفها الا الربيون في البيع، ولكنهم صـيروها لغـة حية يدرسون بها العلوم بشتى فروعها، وما ذاك الا لأنهم اخذوا من اللغات الحية مـا يحتاجون اليـه من الألفاظ وأخضعوه الى لغتهم وكتبوه بحروفهم))[1] .

وللعربية من الحيوية والمرونة ما ليس للعبرية، فنحن وحـدنا نتحمل مسـؤولية هـذه اللغـة، وخياراتنا واسعة ومتعددة دائما، شريطة ان لا نلحق الضيم بلغة القرآن الكريم .

وهناك من رأى في الارتجال – الذي هو ابتداع الوحدات اللغويـة علـى وفـق الانمـاط القياسية للغة – عنصرا من عناصر التوليد الدلالي، شريطة ان تتـوافر ((ثـلاث خصـائص تميزيـة ضـرورية تـوافرا طبيعيا، وهي : الانتماء المقولي، والتأليف الصوتي، والبنيـة الصـرفية، وامـا خصيصـة الدلالـة فيحققهـا المرتجل وحده، أو يحققها طول الاستعمال وتواتره))[2] . وهذا مالانكاد نقف على أمثلـة وافـرة لـه في العربية ولا سيما في عصرنا الحديث، بعد ان رفضه مجمع اللغة العربية بوصفه طريقـة مـن طرائـق توليد الدوال .

وقبل ان نختم الحديث هنا، نشير الى طريقتين شاعتا في توليد الدوال في العالم الغربي، هـما[3] :

---

(1) المعرب والدخيل ضروريان لازدهار اللغة في القديم والحديث : نور الدين صمود : ص 97، ضمن كتاب : تنمية اللغة العربية في العصر الحديث.
(2) توليد المصطلح العلمي العربي الحديث : القضايا والاشكالات : ابراهيم بن مراد، ضمن كتاب : اللغة العربية وتحديات القرن الحادي والعشرين، تونس 1996 : ص 37 –38. وينظر ايضا : الأصول لتمام حسان : ص 294 – 295.
(3) اللغة ووضع المصطلح الجديد : ص 66.

1- طريقة الألفاظ الأولية (أو الأصوات الأولية) : وهي توليد وحدة لغوية من الأصوات الأولى لمجموعة كلمات، مثل : ناتو (NATO)، وأواكس (Awacs) ورادار (Radar).

2- الاشتقاق من اسماء الاعلام، مثل : Volt , watt Ampere .

ويلحظ ان الألفاظ المتولدة عن هاتين الطريقتين تتسم بالعالمية، فلا حاجة لتكلف ايجاد مقابلاتها في العربية، لأنها ستكون عملية عسيرة، ومحدودة المردود .

في المصطلح اللساني العربي

ثمة حقيقة قد يجهلها بعض الدارسين، حين يظنون ان العربية واجهت أزمة المصطلح العلمي
في القرن الماضي . والحقيقة ان العربية واجهت التحدي الحضاري في القرن التاسع عشرـ وانتصرت
عليه[1] . ولعل البداية الحقيقة كانت في تأسيس محمد علي مدرسة الألسن عام 1835م، ثم تأسيسه
(قلم الترجمة) عام 1841م ثم أمره بترجمة الكتب العلمية باسلوب متقن وسليم .

وقامت كلية الطب في (ابو زعبل) 1826 م، ثم في (القصرـ العيني) 1837 م بتدريس الطب
باللغة العربية، وتم في هذه الكلية وضع ترجمة لـ (قاموس القواميس الطبية) لفابر، في ثمانية
مجلدات، وأهديت نسخة منه الى المكتبة الأهلية في باريس عام 1851م، وكانت الترجمة منطلقة من
القاموس المحيط للفيروز ابادي .

وكذلك كانت الحال في الكلية السورية الانجلية (الجامعة الأمريكية في بيروت) 1866 م، حيث
كانت تدرس علوم الطب والفيزياء والصيدلة والفلك والكيمياء والرياضيات بالعربية، تحت اشراف :
أحمد فارس الشدياق، وبطرس البستاني وناصيف اليازجي وإبراهيم اليازجي، وحينما قطعت العربية
في ذلك شوطا كبيرا منتصرة على التحديات، صعق الاستعمار الغربي لذلك، فقـام الانكليـز عـام 1887م
بجعل التدريس في كلية الطب - في القصر العيني - بالانكليزية ثم عمم القرار على جميع المعاهد
بمصر، وبعد عام اتخذ الأمريكيون القـرار نفسه في الكلية السورية، وتبعهم الفرنسيون في جامعة
القديس يوسف . فكانت هذه اقوى ضربة توجه الى العربية في العصر الحديث .

---

(1) المواصفات المصطلحية وتطبيقاتها في اللغة العربية : أحمد شفيق الخطيب، ضمن كتاب : اللغة العربية وتحديات
القرن الحادي والعشرين : ص 8-9، وينظر : ص 182 من الكتاب نفسه .

وبعد مضي ما يقارب النصف قرن من الزمان على هذه الاجراءات، كانت الاف بل قل عشرات الالاف من المصطلحات العلمية قد تكدست بفضل المخترعات الحديثة وخلق المصطلح - كما هو معلوم - سبيل المخترع، وما كان باستطاعة الهيئات اللغوية مواجهة الأمر بصورة تامة[1]، إذ كان عليها مواجهة هذا الكم الهائل من المصطلحات التي اخذت طريقها دخلية الى السنة الناس، فضلا عن مواجهة المستجدات كل يوم .

حتى اذا وقفنا عند اللسانيات وجدنا التاخر الاكبر في مسألة المصطلح، ذلك ان الانجازات العلمية والحضارية التي حققها الغرب جعلت الأنظار كلها تتوجه الى المجال العلمي، ولم يلق المجال الانساني ومنه الألسني الا اقل القليل من العناية والاهتمام، وبشكل فردي .

فخضعت المصطلحات لثقافة المترجم وهواه، فهذا يميل الى المصطلح اللساني الأجنبي دخيلا، وآخر يميل الى التعريب، ويميل الأخر الى الاشتقاق وهنا تتباين الطرائق وتفترق، ورابع يميل الى زحزحة مصطلح تراثي الى مفهوم حديث، فيلبس الامر على الآخرين ... فكانت حالة من الفوضى في المصطلح اللساني العربي المعاصر، حتى غدت ((اللسانيات النموذج الأقصى للتبدد الاصطلاحي بين العلماء العرب))[2]، بما يوحي بقصور اللغة، لا بقصور ناطقيها كما هو واقع الحال .

وليس أدل على هذا التخبط من ان مصطلح (علم اللسانيات) لم يوحد حتى عام 1978م، بعد ان ناهزت تسميات العلم هذا نيفا وعشرين مصطلحا أو تسمية[3] !!

---

(1) وكان الافراد يتهيبون من مواجهة الأمر بصورة شخصية. ينظر : المرجع في تعريب المصطلحات العلمية والفنية والهندسية : حسن حسين فهمي : ص11.

(2) قاموس اللسانيات : ص 56.

(3) م. ن : ص 72.

واصبحنا نقرا في كتب اللسانيات المترجمة تسع ترجمات لمصطلح يعد من الفبائيات هذا العلم، وهو (phonology)، اذ ترجم الى : علم الأصوات التنظيمي / وعلم التشكيل الصوتي / وعلم وظائف الأصوات / والنطقيات/ وعلم الأصوات / وعلم الأصوات التشكيلي، وعلم النظم الصوتية / ودراسة اللفظ الوظيفي / وعلم الصوات اللغوية الوظيفي[1] .

بل قد يقع القارئ ضحية الترجمة الحرفية للمصطلح، التي لا تقوم على الادراك العميق لمدلوله، فمثلا نقرا اربع ترجمات لـ : (Case grammar) فهي : قواعد الحالات / والحالات النحوية / والنحو الاعرابي / ونحو الحالات[2] .

إن هذا الاضطراب - وأمثاله كثير - يوحي بقلة الادراك لخطورة مسألة المصطلح، تلك المسألة التي تنبه لها اسلافنا منذ زمن، ووعوها بدقة، فهذا القلقشندي (ت 821 هـ) مثلا، يقول : ان ((معرفة المصطلح هي اللازم المحتم، والمهم المقدم لعموم الحاجة اليه))[3]، فلا يصح التهاون او الاضطراب في هذه المسالة، ذلك ان علم المصطلح ذو هدف معياري[4]، فهو واضح الهدف محدد الغاية، غير قابل للاختلاف والتناقض .

فلا بد لنا من تقييس مصطلحاتنا اللسانية بتوحيد التصورات حولها، ذلك ان وضوح الدال مرتبط جذريا بوضوح المدلول، فموضوع الدلالة ودقتها قائمة أساسا على

(1) التقييس المصطلحي في البلاد العربية : محمد حلمي هليل، ضمن : اللغة العربية وتحديات القرن الحادي والعشرين : ص 67.

(2) م. ن : ص 62.

(3) صبح الاعشى في صناعة الانشا : تحقيق : محمد حسين شمس الدين، بيروت 1978 : 31/1.

(4) علم المصطلح : د. محمود فهمي حجازي، مجلة مجمع اللغة العربية العدد (5)) لسنة 1986 : ص 70.

دال واضح ومحدد ودقيق ومباشر وموجز . ومن هنا قيل في المصطلح : انه ((تعبير خاص ضيق في دلالته المتخصصة، واضح الى اقصى درجة ممكنة))[1] .

إن مشكلة التواضع على المصطلحات اللسانية أصعب من التواضع على المصطلحات العلمية، لان اللغة حينئذ ستؤدي وظيفة انعكاسية، وهذا جزء من مشكلة الخطاب اللساني بعامة . وبعد هذا فالمشكلة الأساس تكمن في منهجية الاختيار المصطلحي اللساني، أسيقوم هذا الاختيار على مراعاة المنهج الشكلي الذي يتلمس ادنى وجه شبه بين الدال والمدلول ؟ أم سيقوم الاختيار بناء على منهج وظيفي، يقوم في جوهره على الربط بين المصطلح ووظيفته التي يؤديها[2] والمنهج الشكلي - كما هو واضح - سيؤدي حتما الى تعدد الرؤى واختلافها، أما المنهج الوظيفي فهو السبيل الأمثل الذي يجمعنا اذا اردنا ان نحاول تقييس مصطلحاتنا اللسانية، حتى نرأب الصدع ونجمع الشمل .

ومن هنا كانت محاولتنا هذه تسعى الى الاقتداء والتوحيد اكثر من سعيها الى الابتداع والتشتيت، حتى يتفاعل طلبتنا مع إخوانهم في الاقطار العربية كافة في تحقيق التواصل المتوحد مع معيطات الدرس اللساني المعاصر . ولنا في الأمام ابن مجاهد (ت 324 هـ) أسوة طيبة، حين وضع كتابة السبعة في القراءات، فساله أحد تلامذته : لم لا تختار لنفسك قراءة تحمل عنك ؟ فقال : نحن الى ان نعمل انفسنا في حفظ ما مضى عليه ائمتنا أحوج منا الى اختيار حرف يقرا به من بعدنا .

---

(1) م.ن : ص 54.

(2) مقدمة عبد الصبور شاهين الكتاب العربية الفصمى لهنري فليش، بيرست 1986 : ص17.

فرنسي (انكليزي- عربي)

Français	Anglais	Arabe
A		
Abduction	Abduction	ارتخاء/ إبعاد عن المركز
		الأصلي
Abessif	Abessive	مقاربة
Abkhaz	Abaxial	الأبخزية/ بعيد عن المركز
Ablatif	Ablative	مفعول عنه
Ablaut (= alternance)	Ablaut	تناوب
Abrégé	Abridge, abridge (adj.)	مقتضب/ مختصر
Abrégement	Abridgement (n.)	اقتضاب/ اختصار
Abréwation	Abbreviation	اختصار
Abruption	Abrupt	التفات
Absolu	Absolute	مطلق
Absolument	Absolute	مطلقاً
Absorption	Absorption	استغراق
Abstractif	Abstractive	تجريدي
Abstraction	Abstraction	تجريد
Abstraction réfléchissante	Abstraction reflective	تجريد عاكس
Abstrait	Abstract	مجرد
Absurde	Absurd (adj.)	عبثي/ مناف للعقل
Absurdité	Absurolity (n.)	عبثية
Abus	Abuse	تجاوز/ إساءة استعمال
Abus lexicographique	Abuse lexicographic (adj.)	تجاوز قاموسي
Acalculie	Abuse lexicography (n.)	فقدان الترقيم
Accent	Accent	نَبر/ اللكنة
	Accentuate	

Accent ascendant	Arising accent	نغمة صاعدة
Accentaigu	Accentuation	نبر القصر
Accent circonflexe	Circumflex accent	نبر العرض
Accent contextuel	Contextual accent	نبر سياقي
Accent culminatif	Culminative accent	نبر جامع
Accent delaphrase	Sentence stress	نبر الجملة
Accent demarcatif	Demarcative stress	نبر فاصل
Accent de mot	Word accent	نبر الكلمة
Accent dénergie	Energetic accent	نبر وقعي
Accent de syllabe	Stress syllabe	نبر مقطعي
Accent d'insistance	Stress accentual	نبر التأكيد
Accent d'intensité	Intensity accent	نبر تكثيفي
Accent d'intonation	Intonational accent	نبر نغمي
Accent distinctif	Distinctive accent	نبر تمييزي
Accent dynamique	Dynamic accent	نبر حركي
Accent étranger	Stranger accent	رطانة أعجمية
Accent expiratoire	Expiratory accent	نبر زفيري
Accent expressif	Expressive accent	نبر تعبيري
Accent fixe	Fixed accent	نبر ثابت
Accent glottal	Glottalic accent	نبر الهمز
Accent grave	Grave accent	نبر الإطالة
Accent libre	Free accent	نبر متنقل
Accent mélodique	Melodic accent	نبر تناغمي
Accent mobile	Mobile accent	نبر متحرك
Accent montagnard	Mountainous accent	لهجة جبلية
Accent musical	Musical accent	نبر موسيقي
Accent principal	Principal accent	نبر أساسي
Accent rhythmique	Rhythmic accent	نبر إيقاعي

Accent secondaire	Secondary accent	نبر ثانوي
Accent tonal	Tone accent	نبر إنغامي
Accent tonique	Tonic accent	نبر تنغيمي
Accentuation	Accentuation	تنبير
Accentué	Stressed	منبر
Accentuel	Accentual	نبري
Acceptabilité	Acceptability	مقبولية/ قبولية
Acceptable	Acceptable	مقبول
Acception	Acception	مقصود/ معنى
Accessibilité	Accessibility	منالية/ سهول المنال
Accessible	Accessible	منيل
Accessoire	Accessory	رديف
Accessoires	Accessories	روادف
Accident	Accident	عَارضٌ
Accidentel	Accidental	عرضي
Accolades	Accolade	مزدوجة
Accomodation	Accommodation	تماثل
Accompli	Completed	مُنجز
Accord	Agreement, concordance	تساوقٌ/ مطابقة
Accord de genre	Gender agreement	تساوق الجنس
Accord de nombre	Number agreement	تساوق العدد
Accord de personne	Pronoun agreement	تساوق الضمائر
Accord syntaxique	Syntactic agreement	تساوق تركيبي
Accompli acculturation	Acculturation	مُثاقفة
Accumulation	Accumulation	تراكمٌ
Accusatif	Accusative	مفعولية
Accusatif de relation	Relative accusative	مفعول النسبة

Accusatif interne	Accusative/ absolute object cognate object	مفعول مطلق
Acheén	Assyrian	الآشورية
Achevé	Perfect	تام
Achévement du discours	Concluded discourse	تمام الخطاب
Achoppement syllabique	Stumble syllable	تعثر مقطعي
Acmé	Acme/ climax	أوج
Acoustico-vocal	Acoustic of vocal	سمعي نطقي
Acoustique (adj.)	Acoustic	سمعي
Acoustico-physiologique	Acoustic physiology	صوتية فيزيولوجية
Acoustique (n.)	Acoustics	سمعيات
Acquis	Acquired	مكتسب
Acquisition	Acquisition	اكتساب
Acquisition consciente	Conscious acquisition	اكتساب واعٍ
Acquisition directe	Direct acquisition	اكتساب مباشر
Acquisition du langage	Acquisition of language	اكتساب اللغة
Acquisition inconsciente	Unconscious acquisition	اكتساب غير واع
Acquisition maternelle	Maternal acquisition	اكتساب بالأمومة
Acquisition rationnelle	Rational acquisition	اكتساب بالرؤية

Acquisition spontanée	Spontaneous acquisition	اكتساب تلقائي
Acquisition (testd'-)	Acquisition (test of)	رائز الاكتساب
Acrostiche	Acrostic	تطريز
Actant	Actant	مُفاعل
Actant de transitivité	Transitive actant	مُفاعل التعدية
Actant d'intransitivité	Intransitive actant	مُفاعل اللزوم
Acte	Act, action	حدث
Acte articulatoire	Articulatory act	فعل نطقي
Acte de la parole	Speech act	حدث الكلام
Acte linguistique	Linguistical act	حدث لغوي
Acte poétique	Poetical act	فعل شعري
Acte réflexe	Reflective verb	فعل منعكس
Actif	Active	حدثي
Action	Action	عمل
Action absurde	Senseless action	صنيع عبثي
Action du verbe	Act of verb	عمل الفعل
Action transformationnelle	Transformational action	عمل تحويلي
Active (forme)	Active (form)	صيغة الفاعلية
Active (puissance)	Active (power)	فاعلة (قوة)
Active (voix)	Active (voice)	مبني للمعلوم
Activité	Activity	نشاط
Actualisation	Actualization	تحقيق
Actualisé	Actualized	متحقق
Actuel	Actual	حاصل
Acuité	Acuteness	حدة

Adaptation des structures	Adaptation of structures	تطويع البُنى
Adaptation linguistique	Linguistical adaptation	تلاؤم لغوي
Addition transformationnelle	Transformational addition	جمع تحويلي
Adduction	Adduction	قلوص/ تقريب نحو المحور
Adéquate (discours)	Adequate (discourse)	ملائم (خطاب)
Adequate (grammaire)	Adequate (grammar)	استيفائي (نحو)
Adéquation	Adequacy	ملاءمة
Adéquation	Adequacy/ adequatenee	استيفاء
Ad hoc (régle)	Ad hoc	موائمة (قاعدة)
Adjacent	Adjoining, adjacent	متاخِم
Adjectif	Adjective	صفة
Aadjectif adverbial	Adverbial adjective	نعت حالي
Adjectif au positif	Real adjective	نعت محض
Adjectif comparatif	Comparative adjective	أفعل التفضيل
Adjectif déterminatif	Determinative adjective	نعت محدد
Adjectif qualificatif	Qualitative adjective	نعت
Adjectif relationnel	Relational adjective	نعت النسبة
Adjectif substantivé	Substantive adjective	نعت الأسمية
Adjectif verbal	Verbal adjective	صفة مشبهة
Adjectival	Adjectival	نعتي
Adjectivation	Adjectivation	اشتقاق النعت
Adjectivé	Adjectival	متمحض للنعت
Adjectivisation	Adjectivisation	اشتقاق النعتية
Adjoint	Adjunction	مساعد

Adjoints de mots	Adjunctions of words	مساعدات الألفاظ
Adjoints de phrases	Phrases adjunction	مساعدات الجمل
Adjoints de syntagmes	Adjunction of	مساعدات المناظِم
Adjonctif	Adjunctive	عاطف
Adjonction	Adjunction	إرداف
Adjuvant	Adjuvant	مُعين/ مساعد
Adnominal	Adnominal	تابع الأسم
Adnominal (verbe)	Adnominal (verb)	مسند إلى الأسم
Adoucissement	Softening	تليين
Adverbe	Adverb	ظرف
Adverbe d'affirmation	Intensive adverb / Emphatic adverb	ظرف التأكيد
Adverbe decomparaison	Comparative adverb	ظرف الأقتران
Adverbe de doute	Adverb of doubt	ظرف الاحتمال
Adverbe de lieu	Adverb of place	ظرف المكان
Adverbe de maniére	Adverb of manner	ظرف الحال
Adverbe de négation	Negation adverb	ظرف النفي
Adverbe de quantité	Adverb of number	ظرف العدد
Adverbe de temps	Adverb of time	ظرف الزمان
Adverbial	Adverbial	ظرفي
Adverbial (emploi)	Adverbial (use)	سياق الظرف
Adverbial (function)	Adverbial (function)	وظيفة الظرف
Adversatif (adj.)	Adversative	استدراكي
Adversatif (n.)	Adversative	استدراك
Aérodynamique	Aerodynamics	هوائي حركي
Affaiblissement	Weakness	تسهيل/ تخفيف

Affectif	Affective	وجداني
Affermissement	Strengthening	اشتداد
Affinité	Affinity	تقارب
Affirmatif	Affirmative	إثباتي
Affirmation	Affirmation	إثبات
Affirmative (phrase)	Affirmative (sentence)	جملة مثبتة
Affixation	Affix	زيادة/ إضافة
Affixation flexionnelle	Inflectional affix	زيادة إعرابية
Affixe	Affix	زائدة
Affixes dérivationnel	Derivational affix	زائدة اشتقاقية
Affixes verbaux	Verbose affixes	زوائد التصريف
Affrication	Affrication	بين الشدة والرخاوة
Afghan	Afghani	الأفغانية
Agent	Agent	عون
Agentif	Agenitive	عوني
Agglomérat	Agglomerate	إندماجي
Agglomérat consonontique	Consonantal conglomerate	تكتل حرفي
Agglomérat sémantique	Semantic agglomeration	تكتل دلالي
Agglomérat vocalique	Vocalic agglomeration	تكتل حركي
Aggultinant	Agglutinative	التصاقي
Aggultination	Agglutination	التصاق
Agnosique	Agnostic	عَمِهٌ
Agrammaticalité de la phrase	Nongrammaticality of the phrase	لانحوية الجملة

Aigu	Acute	حاد
Aigu (accent)	Acute	نبر القصر
Aire linguistique	Linguistic area	حيز لغوي
Akkadian	Akkadian	الأكادية
Alalie		عِيّ
Albanais	Albanian	الألبانية
Alexandrins	Alexandrine	نحاة الإسكندرية
Alexie	Alexia	عمىَ قِرائي
Alexie littérale	Letter alexia	عمى الحروف
Alexie phrastique	Sentence alexia	عمى الجمل
Alexie verbale	Word alexia	عمى الكلمات
Algorithme	Algorithm	خارزمية
Algorithmique (linguistique)	Algorithmic	خارزمية (لسانيات)
Aliénable (possession)	Alienable, transferable	عرضية (ملكية)
Aliénation linguistique	Linguistic alienation	استلاب لغوي
Aliéné	Tunatic	مستلب
Allégorie	Allegory	مجاز صوري
Allemand	German	الألمانية
Allitération	Alliteration	جناس استهلالي
Allocution	Speech, address	مخاطبة
Allographe	Allograph	رَوسمٌ (متغير حرفي)
Allomorphe	Allomorph	شكلمٌ (متغير شكلي)
Allongé	Lengthened	ممدود
Allongement	Lengthening, elongation	مدٌّ
Allongement compensatoire	Compensatory lengthening	مدّ تعويضي

Allongement continu	Continuous lengthening	مدّ متصل
Allongement interrompu	Interrupted lengthening	مدّ منفصل
Allongement phonologique	Phonological lengthening	مدّ صوتمي
Allongement vocalique	Vocalic lengthening	إشباع الحركة
Allophone	Allophone	صوتمٌ تعاملي/ تنوع صوت مميز
Allusion	Allusion	تلميح
Alphabet	Alphabet	أبجدية
Alphabet phonétique	Phonetic alphabet	أبجدية صوتية
Alphabétique (écriture)	Alphabetic	هجائية (كتابة)
Altaïque	Altaic	الألتائية
Altération	Alteration	تحريف
Alternance	Alternation	تناوبٌ
Alternance consonantique	Consonantal alternation	تناوب الحروف
Alternance vocalique	Vocalic alternation	تناوب الحركات
Alternant	Alternating	مُناوب
Alternatif	Alternative	مُتناوب
Alternatives	Alternative	خِيارات
Alvéolaire	Alveolar	لثوي/ لثوية
Alvéoles	Alevolus	اللثة
Alvéopalatale	Alveo-palatal	لثوي حنكي
Amalgamant	Amalgamated	مُمازج

Amalgame	Amalgam	مزيج (كلمة منحوتة)
Ambigue	Ambiguous	متلابس
Ambiguité	Ambiguity	لبس
Ambivalence	Ambivalence	تعاظلٌ
Ambivalence contextuelle	Contextual ambivalence	تعاظل سياقي
Ambivalent	Ambivalent	متعاظل (متضاد)
Amélioration	Amelioration	تحسين
Américain	American	الأمريكية
Amérindien	Indo-American	الهندية الأمريكية
Amharie (= Amharique)	Amharic	الأمهرية
Aménsie	Amnesia	تلعثمٌ
Amorce (= stimulus)	Altraction	منبه
Amorphe (style)	Amorphous	غير متبلور (أسلوب)
Amphibologie	Amphibology	إبهام
Amphibologique	Amphibological	إبهامي
Amplificatif	Amplificatory	تضخيمي
Amplification	Amplification	تضخيم
Amplitude	Amplitude	سَعةٌ
Amuïssement	Disappearance	تلاشٍ
Anachronisme	Anachronism	مفارقة تاريخية
Anacoluthe (sty.)	Anacoluthon	التفات
Anacoluthe (synt.)	Anaculuthon	انفصام
Anagramme	Anagram	قلب ترتيبي
Analogie	Analogy	قياس
Analogie formelle	Formal analogy	قياس شكلي
Analogique	Analogical	قياسي

Analogistes	Analogist	قياسيون
Analogues (langues)	Analogous	نظامية (لغات)
Analysabilité	Analysability	تحليلة
Analyse	Analysis	تحليل
Analyse de contenu	Content analysis	تحليل مضموني
Analyse de discours	Discourse analysis	تحليل الخطاب
Analyse grammaticale	Grammatical analysis	إعراب المفردات
Analyse logique	Logical analysis	إعراب الجمل
Analyse structurelle	Structural analysis	تحليل بنائي
Analytique	Analytic	تحليلي
Anaphore (gram.)	Anaphora	ترداد توكيدي
Anaphore (sty.)	Anaphora	معاودة
Anaphorique (pronom.)	Anaphoric (pronoun)	ضمير المعاودة
Anaptyctique (phonème)	Anaptyctic (phoneme)	إقحامي (صوتمٌ)
Anatolien	Annotation	الأنانولية
Anatomie	Anatomy	تشريح
Anatomique	Anatomical	تشريحي
Anatomisé	Anatomized	مشرح
Ancien	Ancient	قديم
Anglais	English	الإنجليزية
Angle de l'image	Angle of the image	زاوية الصورة
Anglien	Anglian	الأنجلوية
Anglo-Saxon	Anglo-Saxon	الأنجلو سكسونية
Animés (noms)	Animate (nouns)	أسماء الأحياء
Annamite	Annamese	الأنامية

Annexion	Annexation	إتباع/ إضافة
Annulation	Annulment, cancellation	حذف
Anomal	Anomalous, irregular	شاذّ
Anomalie	Anomaly	شذوذ
Anomalisme	Anomalism	مذهب السماع
Anomalistes	Anomalist	سماعيون
Antanacdase	Repetition of a word in a different sense	جناس دلاليّ
Antécéden	Antecedence	مقدم
Antécédent	Antecedent	موصول به
Antépénultiéme	Antepenultimate, last but two	المقطع السابق لما قبل الأخير
Antérieur	Anterior	أمامي
Anthropologie	Anthropology	أناسية
Anticipant	Anticipant	مستبق
Anticipation	Anticipation	استباق
Antilogie	Antilogy	انتفاض
Antimentalisme	Opposition to mentality	لا ذهنية
Antinomie	Antinomy	تضاربٌ
Antiphrase	Antiphrasis, irony	قلب المعنى
Antithése	Antithesis	نقيضة
Antonyme	Antonym	ضد
Antonymie	Opposition of contrary terms	تضادّ
Aoriste (n.)	Aorist	فعل مطلق
Aoriste gnomique	Gnomic aorist	مطلق كوني
Aoriste inchoatif	Inchoative aorist	مطلق بدئي
Aoriste ingressif	Ingressive aorist	مطلق بدئي

Aoriste résultatif	Resultative aorist	مطلق غائي
Apache	Ruffian of the Paris streets	الأباشية
Aperture	Aperture	أنفتاح/ فتح
A-peu-prés	A word roughly standing for another	جناس ناقص
Apex	Apex	أسلة اللسان
Aphasie	Aphasia	حُبسة
Aphasie d'expression	Aphasia of expression	حبسة التعبير
Aphasie nominale	Nominal aphasia	حبسة اسمية
Aphasie sémanlique	Semantic aphasia	حبسة دلالية
Aphasie syntaxique	Syntactic aphasia	حبسة نحوية
Aphasie sensorielle	Sensory aphasia	حبسة حسيّة
Aphasie verbale	Verbal aphasia	حبسة لفظية
Aphasique (n.)	Aphasic	حبيس
Aphérsése	Aphasis	ترخيم مطلعي
Apical	Apical	ذولقي-أسلية
Apocope	Apocope	بتر
Apocope des syllabes	Elided of syllabes	بتر المقاطع
Apodose	Apodosis	جواب الشرط
Aposiopése (= réticence)	Aposiopesis	اكتفاء
Aposteriori	Aposteriori	مابعديّ
Aposteriorisme	Aposteriorism	مابعدية
Apostrophe	Apostrophe	فاصلة حرفية
Apostrophe	Apostrophe	نداء/ مناجاة
Apostrophe (misen)	Apostrophe	منادى
Appareil phonataire	Phonetic apporation	جهاز التصويت

Appareil vocal	Vocal appration	جهاز النطق
Apparent	Visible	ظاهري
Apparenté	Apparent	نسيب
Appartenance	Appurtenance	أنتماء
Appel	Call, appeal	نداء
Appellatif	Appelleative	أداة النداء
Appellatif (fonction)	Appelleative (function)	ندائية (وظيفة)
Appétenc	Appetance, appetancy	مهجة
Application	Application	تطبيق
Appliqué	Applied	تطبيقي
Appostif	Appositive	بدليّ
Apposition	Apposition	بدلية
Apposition (misen)	Apposition	بدل
Appréciatif	Appreciative	تقييمي
Appréhendé	To be apprehensive	مدرك
Apprentissage (n.a.)	Apprenticeship	تدريب
Apprentissage (sub.)	To be an apprentice	تدرّب
Approache	Approach	معالجة/ مقاربة
Appui	Support	إعتماد
Appui (point d')	Point of stress	نقطة الاعتماد
Appui (voyelle d')	Movement of stress	حركة الاعتماد
Apraxie	Apraxia	عِطال
A priori	A priori	ماقبليّ
A priorisme	A priorism	ماقبلية
Aptitude	Aptitude	استعداد
Arabe	Arabic	العربية
Arabe ancien	Ancient Arabic	عربية قديمة
Arabe classique	Classical Arabic	عربية فصحى

Arabe dialectal	Dialectal Arabic	عربية دراجة
Arabe littéral	Standard Arabic	عربية فصيحة
Arabe moderne	Modern Arabic	عربية معاصرة
Arabe vulgaire	Vulgar	عربية عامية
Arabisation	Arabisation	تعريب
Araméen	Aramaic	الآرامية
Arbitraire (adj.)	Arbitrary	إعتباطي
Arbitraire (n.)	Arbitrariness	اعتباط
Arbitraire caractérisé	Determined arbitrariness	اعتباط محض
Arbitraire du signe	Sign arbitrariness	اعتباطية الدليل اللغوي
Arbitrarie relatif	Relative arbitrariness	اعتباط نسبي
Arbre linguistique	Linguistic tree	شجرة لغوية
Arcadien	Arcadian	الأركدية
Archaïsme	Archaism	عتيق
Archéologie lingiustique	Linguistic archeology	حفرية لغوية
Archétype	Archetype	نموذج أوفى
Archisystéme	Archisystrm	مافوق النظام
Argot	Argot	أرغة/ - لغة إصلاحية
Argument	Argument	حجّة
Argumentation	Argumentation	محاجّة
Arménien	Armenian	الأرمنية
Arrangements	Arrangement	تنظيمات
Arrieré (adj.)	Back	خَلفي
Arriére (n.)	Back	خَلف
Arriére-métalinguistique	Back-metalingtuitic	خلفي انعكاسي

Arrondi	Round	مستدير
Arrondissement	Roundness	تدوير
Artefact	Artifact	مصادرة دورية
Article	Article	مخصّص (أداة)
Article défini	Definite article	مخصص التعريف
Article indéfini	Indefinite article	مخصص التنكير
Article partitif	Partitive article	مخصص التبعيض
Articulateur (orange)	Articulator	ناطق (عضو)
Articulation (n.a.)	Articulation	تقطيع/ التفصح - درج الكلام
Articulation (double)	Double articulation	تمفصل مزدوج
Articulation dudiscours	Discourse articulation	تقطيع الخطاب
Articulation vélaire	Velar articulation	نطق لهوي
Premiére articulation	Primary articulation	التقطيع الأول
Deuxiéme articulation	Double articulation	التقطيع الثاني
Articulatoire	Articulatory	نطقي
Artificiel	Artificial	اصطناعي
Artificielles (langues)	Artificial (language)	اصطناعية (لغات)
Ascendant	Ascendant	متعالٍ
Asémantique	Nonsemantic	لا دلالي
Asémantisme	Asemantism	لا دلالية
Aspect	Aspect	مظهر
Aspect créatiu	Creative aspect	مظهر خلاّق
Aspect infini	Infinite aspect	مظهر لا محدود
Aspectuel	Aspectual	مظهري
Aspiration	Aspiration	هائية

Aspiré	Aspirated	هائي
Assemblage	Assemblage	تجميع
Assertif	Assertive	تأكيدي
Assertion	Assertion	تأكيد مُضمَر
Assertive (phrase)	Assertive (phrase)	تقريرية (جملة)
Assimilation	Assimilation	إدغام
Assimilation incompléte	Incomplete assimilation	إدغام ناقص
Assimilation partielle	Partial assimilation	تقريب
Assimilation progressive	Progressive assimilation	إدغام تقدمي
Assimilation régressive	Regressive assimilation	إدغام تأخري
Assimilation totale	Total assimilation	إدغام كلي
Assyrian	Assyrian	الآشورية
Associatif	Associative	تجميعي
Association	Association	تجميع
Associationnisme	Associationism	أنضمامية
Assonance	Assonance	تجانس حركي
Astérisque	Asterisk	نجمْ
Atlas linguistique	Linguistic Atlas	أطلس لغوي
Atome acoustique	Acoustic atom	ذرة سمعية
Atomique	Atomic	ذرّى
Attention	Attention	انتباه
Attique	Athenian	الأثينية
Attitude	Attitude	هيئة/ اتجاه
Attractif	Attractive	اجتذابي
Attraction	Attraction	اجتذاب

Attribut	**Attribute adjective**	صفة الحال
Attribuitif	**Attributive**	وصفّي حاليّ
Audibilité	**Audibility**	سموعية
Audio-actif	**Audio-active**	سمعي إسهامي
Audio-comparatif	**Audio-comparative**	سمعي تسجيلي
Audiogramme	**Audiogram**	مقياس السمع
Audiométre	**Audiometer**	مِسماع
Audiométrie	**Audiometer**	قياس السمّع
Audio-oral	**Audio-oral**	سمعي شفوي
Audio-passif	**Audio-passive**	سمعي تقبلي
Audiophone	**Audiophone**	سمّاع
Audio-visuel	**Audio-visual**	سمعي بصري
Auditeur	**Auditor**	مستمع
Auditif (nerf)	**Auditory nerve**	سمّعي (عصب)
Audition	**Audition**	سمع
Augment	**Augment**	إلحاق
Augmentatif	**Augmentative**	تكبير
Australien	**Australian**	الأسترالية
Authenticité de la parole	**Authenticity of speech**	صدق الكلام
Authentique (discours)	**Authentic**	صادق (خطاب)
Authentique (littérature)	**Authentic**	مطبوع (أدب)
Autisme	**Autism**	أجترارية
Autistique	**Autistic**	أجتراري
Autodidacte	**Self-educated, self-taught**	عصامي
Auto-enchâssement	**Self-setting**	أكتناف ذاتي

Auto-évaluation	Self-evaluation	تثمين ذاتي
Automate	Automaton	كائن آليّ
Automation	Automation	تآلية
Automatique	Automatic	آليّ
Automatisme	Automatism	آلية
Automatismes	Automatism	آليات
Autonome	Autonomy	مستقل
Autonomie	Autonomy	استقلال ذاتي
Autonymie	Antonoymy	ذاتية الدلالة
Auto-observation	Auto-observation	ملاحظة ذاتية
Autoréglage	Self-adjustment	تعديل ذاتي
Autorégulation	Self-regulation	تسوية ذاتية
Autorité linguistique	Linguistic authority	سلطة لغوية
Autoscopie (= auto-observation)	Self-observation	ملاحظة ذاتية
Autrichien	Austrian	النمساوية
Auxiliaire	Auxiliary	وسيط
Auxiliaires verbaux	Auxiliary verbs	وسائط فعلية
Avalent	Avalent	مُبهم الفاعل
Avant (n.)	Before	أمام
Avant (pré.)	Before	قبل
Avant (voyelle d')	Front vowels	أمامية (حركات)
Axe de distribution	Distribution axis	محور التوزيع
Axe sélection	Selection axis	محور الاختيار
Axe horizontal	Horizontal axis	محور أفقي
Axe paradigamatique	Paradigmatic axis	محور جدولي
Axe syntagmatique	Syntagmatic axis	محور نسقي
Axe vertical	Vertical axis	محور عمودي

Axiologie	**Axiology**	قيميّة
Axiologique	**Axiologic**	قيميّ
Axiomatique (adj.)	**Axiomatic (adj.)**	بدائهي
Axiomatique (n.)	**Axiom (n.)**	بدائهية
Axiome	**Axiom (n.)**	مسلّمة

B

Babil	Babel	غِيّ
Babylonien	Babylonian	البابلية
Bain linguistique	Linguistic basin	حوض لغوي
Balkanique	Balkan	البلقانية
Balte	Baltic	البلطيقية
Banque de données	Bank of data	بنك المعطيات
Banque des mots	Bank of words	بنك الألفاظ
Bantou (= Bantu)	Bantu	البنطوية
Barbarisme	Barbarism	حُوشي
Baryton	Barytone	جهير الطرف
Barytonaison	Barylonation	تجهير الطرف
Bas	Low	منخفِض
Base	Base	أساس
Base (sty.)	Base	وجه الشبه
Base (articulatoire)	Articulatory base	أساس نطقي
Base (phrase de)	Basic sentence	جملة أساسية
Bases des incisives	Bases of cuttings	أصول الثنايا
Basque	Basque	البسكيّة
Basse (voyelle)	Low vowel	منخفضة (حركة)
Bech-la-mer (= Bichlamer)	Beche-de-mer	البشلمّية
Béhavioriste	Behaviourist	سلوكي
Béhavioureme	Behaviour	سَلكَمٌ
Béhaviourisme (=béhaviorisme)	Behaviourism	سلوكية

Bénéficiaire	Beneficiary	مستثمر
Bengali	Bengali	البنغالية
Berbére	Berber	البربرية
Bilabial	Bilabial	شفوي مزدوج
Bilabiodental	Labio-deutal	شفوي أسناني
Bilabiopalatal	Labio-palatal	شفوي حنكي
Bilabiovélaire	Labio-ovelar	شفوي لهوي
Bilatéral	Bilateral	ذو طرفين
Bilinque	Bingual	مزدوج
Bilinguisme	Bilingualism	ازدواجية لغوية
Binaire	Binary	ضِعفي
Binarisme	Binarism	ضِعفية
Biologique	Biological	بيولوجي
Boîte de Hokett	Box of Hocket	صندوق هوكات
Bon-usage	Good usage	فصاحة
Brisure (= fracture)	Fracture	كسْر
Brittonique	Briton	البريتونية
Bruit	Bruit	ضجيج
Bruitage	Sound effects	تشويش
Bruyant	Noisy	ضجيجي
Buccal	Buccal	فمي
Bucco-nasal	Buccal-nasal	فمّيّ أنفيّ
Bulgare	Bulgarian	البلغارية
But	Target, adjective	غاية
Branche linguistique	Linguistic branch	شعبة لغوية
Branches d'étude	Studying branches	أفنان دراسّية
Bref (son)	Short (sound)	قصير (صوت)
Brésilien	Brazilian	البرازيلية

Bréve (voyelle)	Short (vowel)	قصيرة (حركة)
Brévité (= briéveté)	Brevity	قِصر
Briéveté	Brevity	قِصر

C

Cacophonie	Cacophony	تناشز
Cacuminal	Cerebral	نطعي
Cadence	Cadence	نغمة ختامية
Cadencé	Cadencer	منغّم
Caduc	Precarious, insecure	حذيف
Cafre	Kaffir	الكفرية
Calembour	Pun	تورية جناسيّة
Calligraphe	Calligrapher	خطاط
Calligraphie	Calligraphy	تخطيط
Calquer	Calque	نسخ
Cambodgien	Cambodian	الكمبودية
Canal	Canal	قناة
Cananéen	Canaanite	الكنعانية
Canine	Canine	ناب
Canon sémantique	Semantic law	ناموس دلالي
Canonique	Canonical	قواعدي
Canonique (phrase)	canonic (sentence)	قويمة
Capacité	Capacity	سعة
Capacité de la mémoire	Memory capacity	طاقة الذاكرة
Capacité générative	Generative capacity	قدرة توليدية
Caractére	Character	طابع
Caractére	Small print	حرف خطّي
Caractérisation	Characterisation	تشخيص
Caractérisé	Characterise	مطبوع

Caractéristique	Characteristic	خصوصي
Cardinal (nombre)	Cardinal number	رئيسي (عدد)
Cardinal (son)	Cardinal sound	سلَمي (صون)
Cardinale (function)	Cardinal (function)	رئيسية (وظيفة)
Cardinale (voyelle)	Cardinal (vowel)	سلمية (حركة)
Carte linguistique	Linguistic map	خريطة لغوية
Cas	Case	حالة إعرابية
Cas (languesل)	Case (languages)	إعرابية (لغات)
Catégorie grammaticale	Grammatical category	باب نحوي
Catégorie logique	Logical category	مقولة منطقية
Catégorie sémantique	Semantic category	صنف دلالي
Catégorie syntascique	Syntactic category	صنف تركيبي
Catégories du discours	Discourse categories	أجناس الخطاب
Catégoriel	Categorical	تبويبي
Causal	Causal	سببي
Causalité	Causality	سببية
Causalitif (= factitif)	Causative	تعدية
Cavité	Cavity	تجويف
Cavité nasale	Nasal cavity	
Cavité buccuale	Buccal cavity	
Cécité verbale	Verbal blindness	عمى لفظي
Celtique (= celte)	Celtic	السَلتية
Central	Central	مركزيّ
Centralisé	Centralize	مركزّ

Centre	Centre	مركز
Centre de gravité	Centre of gravity	مركز الثقل
Centrifuge	Centrifuge	نابذ
Centripéte	Centripetal	جابذ
Cercle philologique		سياج لغويّ
Cercle réflexif	Reflexive circle	دائرة انعكاسية
Certitude	Certitude	يقين
Cerveau-mécanique		دماغ آلي
Césure	Cesura/ caesura	فصْم
Chaîne	Chain	سلسلة
Chaîne de discours	Chain of discourse	سلسلة الخطاب
Chaldéen	Chaldean	الكلدانية
Champ	Field	حقل
Champ conceptuel	Conceptual field	حقل تصوّري
Champ d'application	Field of application	حقل التطبيق
Champ de dispersion	Field of dispersion	حقل التّبدد
Champ sémantique	Semantic field	حقل دلالي
Champs linguistiques	Linguistic fields	حقول لغوية
Changement	Change	تغيير
Charade	Charade	أحجية لغوية
Charge négative	Negative charge	شحنة سالبة
Charge péjorative	Pejorative charge	شحنة تهجين
Charge pertinente	Pertinent charge	شحنة مميزة
Charge positive	Positive charge	شحنة موجبة
Charge semantique	Semantic charge	شحنة دلالية

Chevron	Chevron	شارة
Chiasme	Chiasma	تناظر عكسي
Chinois	Chinese	الصينية
Chinook	Chinook	الشنكوّية
Choix	Choice	انتقاء
Choix binaire	Binary choice	اختيار ثنائي
Chromatique (accent)	Chromatic	تلويني (نبر)
Chute	Chute	سقوط
Circassien	Circassian	الشركسّية
Circuit	Circuit	دورة
Circulaire (définition)	Circular	دائري (تحديد)
Circularité	Circularity	دائرية
Civilisation	Civilization	حضارة
Clair	Clear	متضح
Classe	Class	باب/ نوع
Classement	Classification	تقسيم
Classe distributionnelle	Distributional class	باب توزيعيّ
Classes de localisation	Classes of localisation	أبواب المواضع
Classes d'équivalence	Classes of equivalence	أبواب التكافؤ
Classes grammaticales	Grammatical classes	أبواب نحوية
Classification	Classification	تبويب
Classification horizontale	Horizontal classification	تبويب أفقيّ

Classification verticale	Vertical classification	تبويب عمودي
Classique	Classic	عتيق
Clés	Keys	مفاتيح
Clic (= click)	Click	طقطقة
Cliché	Cliché	مسكوك
Clichés	Clichés	مسكوكات
Climax génératif	Generative climax	تسُّنم توليدي
Cluster (= agglomoérat)	Cluster	تكتّل
Coalescence	Coalescence	مزج صوتيّ
Co-artirulation	Coarticulation	تقطيع مصاحب
Code	Code	نمط
Coefficient	Coefficient	مُعامِل
Coefficient numérique	Numerical coefficient	مُعامِل عدديّ
Coexistance	Coexistence	تواجدٌ
Cognitif (=référentiel)	Referential	مرجعيّ
Cognition	Cognition	تفهمٌ
Cohérence	Coherence	تناسقٌ
Cohérent	Coherent	متناسق
Cohésion mécanique	Mechanic cohesion	ارتباط آلي
Collectif (adj.)	Collective	جمعيّ
Collectif (n.)	Collective noun	إسم جمع
Collocation	Collocation	تضامّ
Coloration	Coloration	إدغام تلوينيّ
Combinabilité	Combinability	تعاملية

Combinaison	Combination	تقليب
Combinatoire	Combinatory	تعامليّ
Comment (le)	The whys	الكيف
Commentaire	Commentary	تعقيب
Commun	Common	مشترك
Communauté linguistique	Linguistic community	جماعة لغويّة
Communicabilité	Communicable	إيصالية
Communicatif	Communicative	اتصاليّ
Communication (n.a.)	Communication	إبلاغ
Communication (sub.)	Communication	تواصل
Communion phatique	Communion	اتصالي انتباهيّ
Commutable	Commutable	تعاوضيّ
Commutation	Commutation	تعاوض
Comutativité	Commutative	تبادلية
Compact	Compact	سميك/ كثيف
Comparaison	Comparison	تشبيه
Comparartif (adj.)	Comparative	تشبيهيّ
Comparatif (n.)	The comparative	تشبيه
Comparatisme	Comparatism	قِرانية
Comparé (= teneur)	Comparative	مشبه
Comparée (grammaire)	Comparative	مقارن (نحو)
Compatibilité	Compatibility	تواؤم
Compatible	Compatible	متوائم

Compensation	Compensation	تعويض
Compensatoire	Compensatory	تعويضي
Compétence	Competence	قدرة
Compétence générative	Generative complement	قدرة توليدية
Complément	Complement	تميم
Complément d'agent	Agent of complement	تميم العون
Complément de cause	Complement of cause	تميم السّبب
Complément de maniére	Complement of manner	تميم الحال
Complément de nom	Complement of name	تميم الإسم
Complément d'instrument	Complement of instrument	تميم الآلة
Complément direct	Direct complement	تميم المفعولية
Complément indirect	Indirect complement	تميم بواسطة
Complémentaire	Complementary	تكامليّ
Complémentarité	Complementarity	تكامل
Complétive	Completive	متّممة
Complétivisation	Completivization	تتميم
Complexe	Complex	مركّب
Complexe consonantique	Consonantal complex	مركّب حرفيّ
Complexe phonique	Phonic complex	عنقود صوتي
Complexe vocalique	Vocalic complex	مركب حركي

Composition	Composition	نحت
Compound (phonémes)	Compound	مركبة (صواتم)
Compréhension	Comprehension	فهم
Conatif	Conative	إفهامي
Conative (fonction)	Conative	إفهامية (وظيفة)
Concaténation	Concatenation	ترابط
Concaténation articulatoire	Concatenation	ترابط أدائي
Concave	Concave	مقعّر
Concept	Concept	متصوّر
Conceptualisation	Conceptualization	تجريد المتصوّر
Conceptuel	Conceptual	تصوريّ
Concessif	Concessive	إضرابي
Concessive (forme)	Concessive (form)	صيغة المقابلة
Concessive (phrase)	Concessive (clause)	إضرابية (جملة)
Concomitance	Concomitance concomitancy	ترابط
Concomitant	Concomitant	مترابط
Concordance	Concord (ance)	توافق
Concordance des temps	Concord of tenses	توافق الأزمنة
Concordance fonctionnelle	Concord of function	توافق وظيفي
Concordance (lexicographique)	Concordance	جرد سياقي
Concret	Concrete	محسوس
Concrétisation d'une image	Concretisation	تجسيم صورة

Condition	Condition	شرط
Conditionné	Conditioned	مشروط
Conditionnel	Conditional	شرطيّ
Conditionnement	Conditioning	تكييف
Conditionnement apérant	Operative conditioning	تكييف فَعول
Configuration	Configuration	تشكّل/ تشكيل/ تشجيرة
Confirmatif	Confirmative	إثباتي
Confirmatif (phrase)	Confirmative	إثباتية (جملة)
Conformation	Conformation	مشاكلة
Conjoint (adj.)	Conjunct	اقترانيّ/ مقرون
Conjonctif	Conjunctive	إرتباطي
Conjonction (n.)	Conjunction	رابط
Conjonction (sub.)	Conjunction	ربْط
Conjonction assertive	Assertive conjunctive	رابط تأكيدي
Conjonction de coordination	Coordinating conjunction	رابط تنسيقي
Conjonction de subordination	Subordinating conjunction	رابط تعليقي
Conjugaison	Conjugation	تصريف
Connecteur	Connector	قرين
Connecteur conditionnel	Conditional connector	قرين شرطي
Connexion	Connection	إقتران
Connotatif	Connotative	إيحائي
Connotation (n.)	Connotation	إيحاء

Connotation (sub.)	Connotation	تضمين
Connotations d'un monéme	Connotation of moneme	إيحاءات اللفظم
Consience collective	Collective consciousness	وعي جماعيّ
Conscience linguistique	Linguistic consciousness	وعي لغويّ
Consécutif	Consecutive (s.)	تتابعي
Consonance	Consonance	سجع
Consonances	Consonances	أسجاع
Consonant	Consonant	مسجّع
Consonne	Consonant	حرف
Consonne dorsale	Dorsal consonant	حرف ظهريّ
Consonne fricative	Fricative consonant	حرف احتكاكي
Consonne interdentale	Interdendal consonant	حرف ما بين أسناني
Consonne labiale	Labial consonant	حرف شفويّ
Consonne laryngale	Laryngial consonant	حرف أقصى حلقيّ
Consonne latérale	Lateral consonant	حرف انحرافيّ
Consonne uvulaire	Uvular consonant	حرف طبقيّ
Consonne vélaire	Velar consonant	حرف لهويّ
Consonne vibrante	Vibrant consonant	حرف تكريري
Constant	Constant	ثابت
Constante	Constant	ثابتة
Constantes du discours	Constant of discourse	ثوابت الخطاب
Constatif	Constative	تقريريّ
Constellation	Constellation	كوكبة

Constituant	Constituent	مكوّن
Constituant immédiat	Immediate constituent	مكوّن أولي
Constitutif	Constitutive	تأسيسي
Constitution	Constriction	تأسيس
Constrictif	Constrictive	إنقباضي
Constriction	Constriction	إنقباض
Construction	Construction	بناء
Construction de la phrase	Construction of the phrase	بناء الجملة
Contact des langues	Contact of languages	إحتكاك اللغات
Contamination linguistique	Linguistic contamination	عدوى لغوية
Conte	Story	حكاية
Contenu	Content	محتوى
Contexte	Context	سياق
Contexte de la situation	Context of situation	سياق الحال
Contexte situationnel	Situational context	مقام
Contextualisation	Contexualization	مساق
Contexuel	Contextual	سياقي
Contiguité	Contiguity	تلاصق
Contigus	Contiguous	متجاورات
Contingent	Contingent	جائز (احتمالي)
Continu	Continued	ممتدّ
Continuité	Continuity	مواصلة
Contour	Contour	قدار

Contracte (voyelle)	Contracted (vowel)	متقلصة (حركة)
Contracté	Contracted	مُقلصّ
Contractif	Contractive	تقلصي
Contraction (=coalescence)	Contraction	مزج صوتي
Contraction de l 'usage	Contraction of usage	تقلص الاستعمال
Contradiction	Contradiction	تناقض
Contradictoire	Contradictory	متناقض
Contraire	Contrary	ضدّ
Contraste	Contrast	مفارقة
Contrastif	Contrastive	تقابليّ
Contrastive (linguistique)	Contrastive linguistics	تقابلية (لسانيات)
Contrat	Contract	عقد
Contrat tacite	Tacit contract	عقد مُضمر
Contrôlé	Control	رقابة
Convention (n.)	Convention	متواضعة
Convention (sub.)	Convention	إصطلاح
Conventionnel	Conventional	إصطلاحي
Convergence	Convergence	تلاقٍ
Conversation	Conversation	تحاور
Conversationnel	Conversational	تحاوري
Conversion	Conversion	تبديل
Convertir	Converted	بدّل
Convexe	Convex	محدّب
Co-occurrence	Coocurrence	توارد المصاحبة
Coordination	Coordination	تنسيق

Coordination syntaxique	Syntactic coordination	تنسيق تركيبي
Coordonné	Coordinated	منسّق
Coordonnée (n.)	Coordinates	إحداثي
Copte	Coptic	القبطية
Copulatif	Copulative	رِباطي
Copulatif (fonction)	Copulative (function)	رباطية (وظيفة)
Copule	Copula	رابطة
Corde	Cord	وَتر
Cordes vocales	Vocal cord	أوتار صوتية
Coréen	Korean	الكورية
Co-référence	Coreference	توحد المرجع
Coronal	Coronal	تاجيّ
Corpus	Corpus	مدونّة
Correct	Correct	صحيح
Correction	Correcting	إصلاح
Correction sensorielle	Sensory correction	تصحيح حسيّ
Corrélatif (adj.)	Correlative	تلازميّ
Corrélatif (n.)	Correlative	ملازِم
Corrélation	Correlation	تلازم
Correspondance	Correspondence	ترادف
Correspondant	Corresponding	مترادف
Couleur	Colour	لون
Couplage	Coupling	تزويج/ اقتران
Couple	Couple	مثناة/ زوج
Couples	Couples	مثانٍ
Coŭt	Cost	تكلفة

Covariance	Covariance	تنوع مطلق
Création analogique	Analogical creation	صوغ قياسي
Créativité	Creativity	إبداعية
Créole	Creole	الكروليّة
Créole	Creole	لغةٌ مزيج
Cri	Cry	صراخ
Critériologie	Criteriology	مقياسية
Croisé (classification)	Cross-classification	متقاطع (تبويب)
Croisement	Crossing	تجاذب
Cryptographie	Cryptography	ترميز كتابيّ
Cryptotype	Crytotype	نمط خفّي
Cube	Cube	مكعّب
Cubique	Cubic	تكعيبي
Cubisme	Cubism	تكعيبية
Culminatif	Culminative	جامع
Culminative (fonction)	Culminative function	أوْجية (وظيفة)
Culture	Culture	ثقافة
Culturel	Cultural	ثقافي
Cunéiforme (écriture)	Cuneiform	مسمارية (كتابة)
Cursif (= imperfectif)	Cursive	صائر
Cybernétique (n.)	Cybernetic	قبطانية
Cycle	Cycle	دور
Cyclique	Cyclic	دوري
Cymrique	Cymric	اللغة الويلزية
Cypriote	Cypriote	القبرصية

D

Danois	Danish	الدانمركية
Data	Data	مدوّنة المعطيات
Datif	Dative	إضافة
Décentration	Decentralization	توزع
Décisif	Decisive	حاسم
Décision	Decision	قرار
Déclamation du style	Declamation of style	بهرج الأسلوب
Déclamatoire	Declamatory	تنويهي
Déclaratif	Declarative	تصريحي
Déclaratif (phrase)	Declarative sentence	خبرية (جملة)
Déclinaison	Declension	صرف إعرابي
Déclinaison des noms	Declension of names	إعراب السماء
Décodage	Decoding	تفكيك
Décodeur	Decoder	مفكك
Décomposition	Decomposition	فكّ
Decoupage (=segmentation)	Segmentation	تقطيع
Dédialectalisation	Dialectalisation	توحيد لهجي
Déductif	Deductive	استنتاجي
Déduction	Deduction	استنتاج
Défectif	Defective	ناقص
Défictivité	Defictivity	نقص
Défence	Defence	حظر
Défini	Definite	معرَّف
Définition (sub.)	Definition	حدّ

Définition (n.a.)	Definition	تعريف
Degré	Degree	درجة
Degré de complexité	Degree of complexity	درجة التعقد
Degré de simplicité	Degree of simplicity	درجة البساطة
Degré zero	Zero degree	درجة صفر
Degrés d'acceptabilité	Degree of acceptability	درجات المقبولية
Degrés d'aperture	Degree of aperture	درجات الانفتاح
Délimitation	Delimitation	تجزئة
Démarcatif	Demarcative	فاصل
Démarcation	Demarcation	تفاصل
Démonstratif (adj.)	Demonstrative	برهاني
Démonstratif (adj.)	Demonstrative	إشاري
Démonstratif (n.)	The demonstrative	أسم إشارة
Démonstration	Demonstration	استدلال
Dénasalisation	Denazalization	نزع الغنّة
Dénominatif	Denominative	تعييني
Dénomination	Denomination	تعيين
Dénotatif (=référentiel)	Denotative	مرجعي
Dénotation	Denotation	دلالة ذاتية
Dénoté (référent)	Denote	مَرجِع
Dénoté (déférent)	Denote	مرجع
Dense	Dense	كثيف
Densité	Density	كثافة
Dent	Tooth	سنّ
Dental	Dental	أسناني
Denti-alvéolairé	Dental-alveolar	أسناني لثويّ

Dentilabial (=labiodental)	Lofio-dental	أسناني شفوي
Dépendant	Dependent	تبيع
Déplacement (n.a.)	Shifting	نقل
Déplacement (sub.)	Shifting	إنتقال
Dépréciatif (=péjoratif)	Depreciative	تهجيني
Dérivation	Derivation	اشتقاق
Dérivationnel	Derivational	إشتقاقي
Descriptif	Descriptive	وصفي
Description	Description	وصف
Description linguistique	Linguistic description	وصف لغوي
Description structurale	Structural description	وصف بنيوي
Désignation	Designation	تخصيص
Détachement	Detachment	عزْل
Déterminant	Determinant	محدِّد
Déterminatif	Determinative	تحديديّ
Déterminatif (discourse)	Determinative	جزميّ (خطاب)
Détermination	Determination	تحديد/ تعريف
Déterminé	Determine	محدد/ معرف
Deuxiéme articulation	Dual articulation	تمفصل ثانٍ
Deuxiéme personne	Second person	ضمير المخاطب
Deux-points	Colon	نقطتان
Déverbatif	Deverbative	مصوغ الفعل من الفعل

Déviation stylistique	Stylistic deviation	إنحراف أسلوبي
Descriptivisme	Descriptivism	وصفية
Dévocalisation	Devocalisation	تهميس
Diachronique	Diachronic	زمانيّ
Diacritique	Diacritical	ممّيز
Diagnostique	Diagnostic	تشخيصيّ
Diagramme	Diagram	رسم بياني/ هيكل
Diagraphe	Diagraph	رسم ثنائي
Dialectal	Dialectal	دارج
Dialectal	Dialectal	دراجة
Delictalisation	Delictalisation	تفرع لهجي
Dialecte	Dialect	لهجة
Dialecte différentiel	Differential dialect	لهجة فارقة
Dialecte local	Local dialect	لهجة محلية
Dialecte non différentiel	Non-differential dialect	لهجة غير فارقة
Dialecte régional	Regional dialect	لهجة جهوية
Dialecte social	Social dialect	لهجة اجتماعية
Dichotomie	Dichotomy	زوج تقابليّ
Diction	Diction	أداء
Dictionnaire	Dictionary	قاموس
Dictionnaire des antonymes	Dictionary of Antonyms	قاموس الأضداد
Dictionnaire des synonymes	Dictionary of Synonyms	قاموس المترادفات
Différence	Difference	فرق/ اختلاف
Différenciation (n. a.)	Differentiation	تفريق
Différenciation (sub.)	Differentiation	تغاير

Différent	**Different**	مغاير
Différentiel	**Differential**	تخالفي
Diffraction	**Diffraction**	إنعراج
Diffus	**Diffuse**	منتشر/ مسهب
Digramme	**Diagraph**	حركة/ حرف/ مزدوج
Dimension linguistique	**Linguistic dimension**	بُعد لغويّ
Diminutive (adj.)	**Diminutive**	تصغيريّ
Diminutif (n.)	**Diminutive**	تصغير
Diphtongaison	**Diphthongization**	مزاوجة حركية
Diphtongue	**Diphthong**	حركة مزدوجة
Direct	**Direct**	مباشر
Directionnel	**Directional**	إتجاهي
Discernable	**Discernable**	متمايز
Discipline	**Discipline**	فنّ
Discontinu	**Discontinue**	متقطع
Discontinuité	**Discontinuity**	تقطع
Discours	**Discourse**	خطاب/ القول
Discours métalinguistique	**Metalinguistic discourse**	خطاب إنعكاسي
Discrimination	**Discrimination**	تفريق
Distance	**Distance**	إبتعاد/ مسافة - مدى
Distance linéaire	**Linear distance**	مسافة خطية
Distinctif	**Distinctive**	تمييزيّ
Distinction	**Distinction**	تمييز
Distinguisher	**Distinguisher**	مٌميز مأصلي
Distributif	**Distributive**	توزُعيّ
Distribution	**Distribution**	توزيع

Distributionnalisme	Distributionalism	توزيعية
Distributionnel	Distributional	توزيعي
Distributivité	Distributivity	توزُعية
Divergence	Divergence	أفتراق/ وجه الاختلاف
Divergent	Divergent	مُفارق
Documentaire	Documentary	توثيقي
Dogmatique	Dogmatic	وثوقي
Dogmatisme linguistique	Linguistic dogmatism	وثوقية لغوية
Domaine	Domain	مجال
Dominer	Master	سيطر
Donnée	Given	مُعطًى
Dorien	Doric	الدورية
Dorsal	Dorsal	ظهريّ
Double	Double	ضعف
Double articulation	Double articulation	تمفصل مزدوج
Doublet	Doublet	مُزاوج
Douteux	Indefinite	مشبوه
Doux	Soft	لينّ
Droit	Right	قويم
Dualité	Duality	تثنية
Duel	Dual	مُثنًّى
Duratif	Durative	إستمراري
Dynamique (adj.)	Dynamic (adj.)	حركيّ
Dynamisme externe	External dynamism	حركة خارجية
Dynamisme interne	Internal dynamism	حركة داخلية
Dynamisme	Dynamism	حركية

E

Écart	Divergence	عدول/تجاوز
Échange verbal	Verbal exchange	تبادل حواري
Échantillon	Sample	عيِّنة
Échappatoire	Elusion, evasion	متنفّس
Économie	Economy	إقتصاد
Économie linguistique	Linguistic economy	إقتصاد الكلام
Économie syntaxique	Syntactic economy	إقتصاد تركيبي
Écrit	Written	مكتوب
Écriture	Writing	كتابة
Écriture phonétique	Phonetic writing	كتابة صوتية
Effectif (=résultatif)	Effective	محصوليّ
Effet psycho-linguistique	Psycho-linguistic effect	وقع نفساني لغوي
Ego	Self	قائل
Egocentrique	Egocentric	مركزي الذات
Egocentrisme	Egocentricism	مركزية الذات
Egocentrisme social	Social egocentricism	مركزية الذات الجماعية
Égressif (=terminatif)	Terminative	إنتهائي
Egyptien ancien	Ancient Egyptian	المصرية القديمة
Éjectif	Ejective	قذفي/مفرزة
Éjection	Ejection	قذف
Élargissement	Broadening	توسيع
Elasticité du langage	Language elasticity	مطاطية اللغة
Élément	Element	عنصر/جزء

Éléments du discours	Elements of discourse	عناصر الخطاب
Élision	Elision	ترخيم تعامُليّ
Ellipse	Ellipsis	إختزال
Elliptique	Elliptical	مختزل
Émanation	Emanation	أنبثاق
Émission	Emission	بثّ
Émotif	Emotive	انفعاليّ
Emphatique	Emphatic	مُفخمٌ
Empirisme	Empiricism	اختبارية
Emploi	Employment	استخدام
Emprunt	Borrowing	دخيل/إستعارة/افتراض
Enchaînement	Sequence	تتابع
Empirisme	empiricism	اختبارية
Emploi	employment	استخدام
Emprunt	Borrowing	دخيل/إستعارة/افتراض
Enchaînement	Sequence	تتابع
Enchâssé	Insert	مكتنف
Enchâssement	Setting, enshrining	اكتناف /انصهار
Enchevêtrement	Entanglement	تشابك
Endinomène	Inclined	مائل نبري
Enclitique	Enclitic	مجلوب نبري
Encyclopédie	Encyclopedia	موسوعة
Encyclopédique	Encyclopediac	موسوعي
Engagement	Engagement	التزام
Engendrer	Engender/create	أنشأ
Énoncé	Statement/expression	ملفوظ
Énonciateur	Enunciated	لافظ
Énonciatif	Enunciative	أدائي

Énonciation	Enunciation	أداء
Entité (= item)	Entity	كيان
Énumératian	Enumeration	تعداد
Environnement	Environment	محيط
Épiglatte	Epiglottis	لسان المزمار
Épigraphe	Epigraph	نقيشة
Épigraphie	Epigraphy	نقوشية
Épistémologie	Epistymology	أصولية
Épilthète	Epithet	خصيصة
Équation	Equation	معادلة
Équilibre	Balanced	توازن
Équivalence	Equivalence	تكافئ
Équivalent	Equivalent	متكافئ
Équivoque (adj.)	Equivocal	ملتبس
Équivoque (n.)	Equivocation	التباس
Eskimo (=Esqwimau)	Eskimoan	الاسكمية
Ésotérique	Esoteric	مكنون
Espace	Space	مكان
Espagnol	Spanish	الأسبانية
Espèce	Hreed/kind	فصيلة
Espéranto	Esperanto	الأسبيرنتو
Esprit	Esprit	ذهن
Essai	Trial, test	محاولة
Essence du langage	Language essence	ماهية اللغة
Esthétique (adj.)	Esthetic	جمالي
Esthétique (n.)	The esthetic	جمالية
Estimatif	Estimative	تقديري
Ethiopien	Ethiopian	الأثيوبية

Étymologique	Etymological	تأثيلي
Évaluatif	Evaluative	تثميني
Évaluation	Evaluation	تثمين
Évident	Evident	بديهي
Évocateur	Evocative	استحضاري
Évocation	Evocation	استحضار
Évolutif	Evolutionary	تطوري
Évolution	Evolution	تطور
Évolutionnisme	Evolutionism	تطورية
Exagération	Exaggeration	شطط
Exception	Exception	استثناء
Exclamatif	Exclamative	تعجبي
Exclamation	Exclamation	تعجب
Exclusif	Exclusive	اقصائي
Exclusif (rapport)	Exclusive	عازلة (علاقة)
Exclusion	Exclusion	عزل
Exécution	Execution	تنفيذ
Exégèse	Exegesis	تفسير
Exemple	Example	مثل
Exercice de la faculté	Faulty practice	ارتياض الملكة
Exercice linquistique	Linguistic exercise	تدرب لغوي
Exhaustif	Exhaustive	استقصائي
Exhaustivité	Exhaustively	استقصاء
Existence intellectuelle	Intellectual existence	وجود عقلي
Existence réelle	Real existence	وجود حقيقي
Existence snesible	Sensible existence	وجود حسي
Existentiel	existential	وجودي

Exocentrique	Exocentric	استخراجي
Expansif	Expansion	انتشاري
Expansion	Expansion	انتشار
Expectatif	Expectative	توقعي
Expectation	Expectation	توقع
Expérience	Experience	تجربة
Expérimental	Experimental	تجريبي
Explication	Explication	شرح
Explicite	Explicit	صريح /مظهر
Exploitation	Exploitation	استغلال
Explosif	Explosive	انفجاري
Explosion	Explosion	انفجار
Expressif	Expressive	تعبيري
Expression	Expression	تعبير
Expression commune	Common expression	تعبير شائع
Expression simple	Simple expression	تعبير بسيط
Extensif	Extensive	اتساعي
Extension analytique	Analytical extension	امتداد تحليلي
Extension métaphorique	Metaphorical extension	اتساع مجازي
Extérieur	Exterior	خارجي
Extraction	Extraction	استخراج
Extra-linguistique	Extralinguistic	مجاوز لساني

F

Facteur	Factor	عامل
Factif (= translatif)	Factive	صيروري
Pactitif	Factitive	معدى الى مفعولين
Factuel	Factual	عواملي
Facultatif	Facultative	اختياري
Faible	feable	ضعيف
Faisceau	Bundle	حزمة
Fait	Done	حادث
Fait (n.)	Fact	واقعة
Fait (= acte)	All, event	حدث
Fait de langue	Out of language	حدث اللغة
Fait de la parole	Out of speech	حدث الكلام
Fait langagier	Language act	حدث لغوي
Fait linguistique	Linguistic act	حدث لساني
Familiarisation linguistique	Linguistic familiarization	مؤالفة لغوية
Familier	Familiar	مألوفة
Famille articulataire	Articulatomy family	فصيلة مقطعية
Famille linguistique	Linguistic family	أسرة لغوية
Paseination linguistique	Linguistic fascination	انبهار لغوي
Fatal	Fatal	صحي
Faucal (= vélaire)	Velar	لهوي
Fausset (voixde)	Lack of musical sense	صوت مستحد
Faute	Fault	خطأ

Feed-back (=retroaction)	Feedback	استرجاع
Femelle	Female	تأنيثي
Feminin	Feminine	مؤنث
Fictif	Fictive	تخيلي
Fiction	Fiction	تخيل
Figure rhétorique	Rhetoric figure	صورة بلاغية
Final	Final	ختامي
Flexibilité	Flexibility	طواعية
Flexion	Flexion	اعراب
Fonction textuelle	Textual function	؟
Fonctionnalisme	Functionalism	وظيفية
Fonctionnel	Functional	وظيفي
Fondamental	Fundamental	اساسي
Fondement	Basis	أس
Fondements théorique	Theoretical fundamentals	أصول مبدئية
Force	Force	قوة
Force de cohésion	Cohesion force	اعتماد
Formalisation	Formalisation	تشكيل
Formalisme	Formalise	شكلية
Formaliste	Formalist	شكلاني
Formation	Formation	تكوين
Formation terminologique	Terminology formation	وضع المصطلحات
Forme	Form	شكل
Forme (= contenu)	Shape	مبنى(=/معنى)
Forme (= substance)	Substance/essence	صورة (=/ جوهر)

Forme de base	Base form	صيغة مجردة
Forme fondamentale	Fundamental form	شكل أساسي
Forme libre	Free form	صيغة حرة
Forme liée	Limited form	صيغة مقيدة
Forme supérieure	Superior form	الشكل الاسمي
Forme verbale	Verbal formal	صيغة الفعل
Formel	Formal	شكلي
Fonction métalinguistique	Melalinguistic function	وظيفة انعكاسية
Fonction phatique	Phatic function	وظيفة انتباهية
Fonction poètique	Poetic function	وظيفة انشائية
Fonction prédominante	Predominant function	وظيفة غالبة
Fonction sémantique	Semantic function	وظيفة دلالية
Fonction référentielle	Referential function	وظيفة مرجعية
Fonction sociale	Social function	وظيفة اجتماعية
Fonction syntaxique	Syntactic function	وظيفة نحوية
Formulation	Formulation	صوغ
Formule	Formula	صياغة
Fort	Strong	قوي
Fosses nasales	Nasal cavity	تجويف الأنف
Facture (= brisure)	Fracture	كسره
Français	French	الفرنسية
Franchissement	Crossing, passing	اختراق
Francien	French	الفرنجية
Francique	Frankish	الفرنكية
Fréquence	Frequency	تواتر
Fréquentatif	Frequent	تكراري

Fricatif	Fricative	احتكاكي
Friction	Friction	احتكاك
Frontière (=joncture)	Juncture	مفصل
Frontières dialectales	Dialectical boundaries	حدود لهجية
Frottement acoustique	Acoustic rubbing	حفيف سمعي
Furtif	Stealthy, sly	مختلس
Fusion	Fusion	انصهار
Fusionnant (=flexiannel)	Inflectional	اعرابي
Futilité	Fulility	لغو
Futur	Future	مستقبل
Futur continu	Continuos future	مستقبل متصل
Futur estimatif	Estimative future	مستقبل تقديري
Futurisme	Futurism	مستقبلية
Futuriste	Futurist	مستقبلي

G

Galla	Galic	الجالية
Gallicisme	Gallicism	مسكوكة فرنسية
Gallois	Welsh, pertaining welsh	الغالية
Gaulois	Galic	الغولية
Gazeux	Gazeaus	غازي
Gazouillis	Babbling	ثغثغة
Gémination	Gemination	تضعيف
Géminé	Twin, mixed	مضعف
Gencive	Gum	لثة
Gencives	Gums	لثات
Gène	Gene	مورثة
Généalogie	Geneology	سلالية
Généalogique	Genealogical	سلالي
Général	General	عام
Généralise	Generalized	معمم
Généralité	Generality	عمومية
Générateur	Generator	مولد
Génératif	Generative	توليدي
Générer	Generate	ولد
Générique	Generic	جنسي
Genèse	Genesis	نشأة
Génétique (adj.)	Genetic	تكويني
Génétique (n.)	Genetic	تكوينية
Génitif	Genitive	اضافة
Génitif objectif	Objective genitive	اضافة المصدر الى مفعوله

Génitif subjectif	Subjective genitive	اضافة المصدر الى فاعله
Genre	Genre	جنس
Genres littéraires	Literary genres	أجناس أربية
Géographie linguistique	Linguistic geography	جغرافية لغوية
Germanique	Germanic	الجرمانية
Gérondif	Gerundive	صيغة الحالية
Glide (= semi-voyelle)	Semi-vowels	نصف حركة
Glides	Glides	حروف العلة
Glottal	Glottal	مزماري
Gnomique	Gnomic	مطلق القيمة
Gnosticisme	Gnosticism	عرفانية
Gnostique	Gnostic	عرفاني
Gotique	Gothic	القوطية
Gouverner (= régir)	Govern	حكم
Gradation ascendante	Ascendant gradation	تدرج تصاعدي
Gradation rhétorique	Rhetoric gradation	تدريج بلاغي
Graduel	Gradual	تدرجي
Grammaire	Grammar	نحو
Grammaire contrastive	Contrastive grammar	نحو تقابلي
Grammaire de cas	Case grammar	نحو اعرابي
Grammaire descriptive	Descriptive grammar	نحو وصفي
Grammaire générative	Generative grammar	نحو توليدي
Grammaire normative	Normative grammar	نحو معياري
Grammaire historique	Historical grammar	نحو تاريخي
Grammaire particulière	Particular grammar	نحو خاص

Grammaire universelle	Universal grammar	نحو عام
Grammatical	Grammatical	نحوي
Grammaticalité	Grammaticality	نحوية
Grammaticalisation	Grammaticulization	انتحاء
Grammaticalité de la phrase	Phrase grammaticality	نحوية الجملة
Grammaticalité du discours	Discourse grammaticality	نحوية الخطاب
Graphie	Writing	خط
Graphique	Graphic	خطي
Graphologie	Graphology	خطاطة
Graphologique	Graphological	خطاطي
Grec	Greek	اليونانية
Groupe	Group	تركيبة
Guttural (= vélaire)	Velar	لهوي/حلقية

H

Habitude	Habit	عادة
Habituel	Habitual	اعتيادي
Haitien	Haitian	الهايتية
Harmonie	Harmony	تناغم
Harmonie imitative	Harmony imitation	محاكاة صوتية
Harmonie phonétique	Phonetic hormony	انسجام صوتي
Harmonie vocalique	Voculic harmory	تناغم حركي
Harmonique	Harmonic	متناغم
Harmonisation	Harmonization	تناسق
Hasard	Hazard	اتفاق
Haut	Lofty, high	مستعل
Hauteur	Elevation, height	ارتفاع
Hébreu	Hebrew	العبرية
Helénistique	Helenistic	الاغريقية
Hémistiche	Hemistich	مصراع
Hermétique	Hermatic	ابهامي
Hermétisme	Hermiticism	ابهامية
Hétéroclite	Irregular	غير قياسي
Hétérogène	Hetroganeous	متغير الجنس
Heuristique (adj.)	Heuristic (adj.)	استكشافي
Heuristique (n.)	Heuristic (n.)	استكشافية
Hiérarchie	Hierarchy	تتبع/ مراتب
Hiérarchique	Hierarchical	رتبي /تدرجي
Hiéroglyphe	Hieroglophic	هيروغليفي

Hindoustani	Hindustani	الهندستانية
Histoire	History	تاريخ
Historicité du langage	Historicity of language	تاريخ اللغة
Historique	Historic	تاريخي
Homéonyme	Homonym	مرادف نسبي
Homogénéité	Homogeniety	انسجام
Homonyme	Homonymic	مجانس
Homonymie	Homonying	تجانس
Homophone	Homophone	جنيس صوتي
Homophonie	Homophony	جناس صوتي
Hongrois	Hungarian	المجرية
Honorifique	Honorary	تبجيلي
Horizontal	Horizontal	افقي
Humain	Human	انسي
Hybride	Hybrid	هجين(الكلمة)
Hyoïde	Hyoid	لامي
Hypallage	Hypallage	مجاز تعاوضي
Hyperbole	Hyperbole	مغالاة /المبالغة
Hypercorrection	Hyper-correction	لحن اشتقاقي(الحذلقة)
Hyperurbanisme	Hyper-urbanism	تفاصح حضري
Hypostase	Hypostatic	تقنيم
Hypotaxe	Hypotaxis	ربط نسقي (بالأدوات)
Hypothèse	Hypothesis	فرضية
Hypothètic-déductif	Hypothetical-deductive	فرضي استنتاجي
Hypothètique	Hypothetical	افتراضي

I

Ibérique	Iberian	الايبرية
Icône	Icon	مطابق
Icônique	Iconic	تصويري
Ictus métrique	Metric stroke	نوبة عروضية
Idéation	Ideation	أستذهان
Idée	Idea	فكرة
Identificateur	Identificator	ضابط الهوية
Identification linguistique	Linguistic identification	ضبط لغوي
Identification semantique	Linguistic identification	تطابق دلالي
Identique	Identical	مشابه
Identité	Identity	هوية
Idéogrammatique	ideogrammatical	تصويري
Idéogramme	Ideogram	رسم دلالي
Idéographie	Ideograph	كتابة تصويرية
Idéographique (écriture)	Ideographic	تصويري (خط)
Idiographie	Ideography	خط نوعي
Idiolecte	Idiolect	نمط فردي / لهجة فردية
Idiomatique	Idiomatic	عرفي
Idiomatique (expression)	Idiomatic	جاهز (تعبير)
Idiome	Idiom	لهجة فرعية
Idime	idiom	عرف لغوي
Idiosyncrasie	Idiosyncracy	قياس مزاجي

Idiotisme	Idion, idoratic expression	خصيصة
Illocutionnaire	Illocutionary	تحقيقي
Image	Image	صورة
Imaginaire	Imaginary	خيالي
Imaginatif	Imaginative	خيال
Imagination	Imagination	خيال
Imitatif	Imitative	محاك
Immanence	Immanence	محاثية
Immanent	Immanent	محايث
Immédiat	Immediate	حضوري
Impératif (adj.)	Imperative (adj.)	اقتضائي
Impératif (n.)	Imperative (n.)	امر
Imperfectif (verbe)	Imperfective (verb)	صائر (فعل)
Implication	implication	استلزام
Implicite	Implicit	ضمني
Implosif	Implosive	ارتخائي
Implosif	Implosive	حاجز
Implasive (consonne)	Implosive (consonant)	ابتلاعي(حرف)
Impossibilité	Impossibility	تعذر
Impossible	Impossible	متعذر
Impressif	Impressive	ارتسامي
Impression	Impression	ارتسام
Impuissance	Impotence	عجز
Impulsif	Implosive	اندفاعي
Impulsion	Implosion	اندفاع
Impulsion de l'air	Air impulse	دفع الهواء
Impur	Impure, polluted	كدر

Impureté	Impurity	كدورة
Inabordable	In accessible	مستعص
Inabsentia (rapports)	In absentics	غيابية (علاقات)
Inaccentué	Unstressed	غير منبر
Inacceptabilité	Unacceptability	لامقبولية
Inacceptable	Unacceptable	غير مقبول
Inaccessible	Inaccessible	ممتنع
Inaccompli (= imperfectif)	Unaccomplished	صائر
Inachevé	Unfinished	مبتور
Inaliénable (possesion)	Inalienable	ملكية حتمية
Inanimé	Inanimate	جامد
Inarticulé	Inarticulate	لاتلفظي
Inchoatif	Inchaotive	استهلالي
Incidente	Subordinate	أعتراضية
Incise (= incidente)	Incidental clause	اعتراضية
Incisive	Incisive	ثنية
Incisives inférieures	Inferior incisives	ثنايا سفلى
Incisives supérieures	Superior incisives	ثنايا عليا
Inclusif	Inclusive	استيعابي
Inclusion	Inclusion	تضمن
Incompatibilité	Incompatibility	تنافر
Incompatible	In compatible	متنافر
Incomplet	In complete	منقوص
Inconditonné	Unconditioned	غير مقيد
Indéclinable	Indeclinable	غير معرب
Indéfini	Indefinite	نكرة

Indépendence	Independence	استقلال
Indépendent	Independent	مستقل
Indéterminé	Indeterminate	مبهم
Indétermination	Indetermination	
Index	Index	ثبت
Indexation	Indexation	فهرسة
Indicateur	Indicator	مؤشر
Indicatif	Indicative	اشاري
Indicatif (mode)	Indicative (mode)	صيغة الفعل
Indicative (fonction)	Indicative (function)	تعينية (وظيفة)
Indien	Indian	الهندية
Indirect	Indirect	غير مباشر
Individualiste	Individualist	تفردي
Individuel	Individual	فردي
Indivisibilité	Indivisibility	لاتجزؤ
Indivisible	Indivisible	لامتجزئ
Indo-aryen	Indo-arian	الهندوارية
Indo-européen	Indo-european	الهندوأوربية
Inhérent	Inferent	لصيق
Inintelligible	Unintelligible	مستغلق
Initial	Initial	بدئي
Initiale (n.)	Initial	بدئية
Injonctive (fonction)	Function	اقتضائية (وظيفة)
Injonctive (=impérative)	Imperative	طلبية
Injure	Insult	ثلب
Inné	Innate	فطري
Innéisme	Inn	فطرانية

Input	Input	حاصل
Inscripteur	Registered	مدون
Inscription	Registration	تدوين
Insertion	Insertion	ادراج
Insistance	Insistence	تاكيد
Inspiration	Inspiration	الهام
Inspiration	Inspiration	شهيق
Instable	Unstable	متقلب
Instance	Instance	تجرى
Instances du discours	Discourse instances	مجاري الخطاب
Instantané	Instantaneous	حسيني
Instantanéité	In stantaneousness	حسينية
Instinctif	Instinctive	غريزي
Institution	Institution	مؤسسة
Institution législative	Legislative institution	مؤسسة تشريعية
Institution sociale	Social institution	مؤسسة اجتماعية
Instruction	instruction	توجيه
Indo-iranien	Indo-Iranian	الهندوايرانية
Indonésien	Indonesian	الأندونيسية
Inductif	Inductive	استقرائي
Induction	inductive	استقراء
Inextricable	Inextricable	لاانفصامي
Infini (aspect)	Infinite	لامحدود (مظهر)
Infinitif	Infinitive	صيغة الحدث
Infixation	Infixation	ادخال
Infixe	Infix	داخلة
Infixes	Infixes	دواخل
Inflexion	Inflection	امالة

Influence réciproque	Reciprocal influence	تاثير متبادل
Informant	Informant	مخبر
Informatif	Informative	اخباري
Information (n.)	Information	خبر
Information (sub.)	Information	أخبار
Infrastructure	Infrastructure	بنية سفلى
Ingressif (= inchoatif)	Inchaotive	استهلالي
Instrumental (adj.)	Instrumental	ادائي
Instrumental (n.)	Instrumental	مفعول الوسيلة
Intégratif	Integrative	اندماجي
Intégration	Integration	اندماج
Intégration phonologique	Phonological integration	اندماج صوتي
Intellect	Intellect	عقل
Intellectuel (adj.)	Intellectual	فكري
Intelligence	Intelligence	ذكاء
Intelligibilité	Intelligibility	معقولية
Intelligible	Intelligible	معقول
Intense (syllabe)	Intense	مكثف (مقطع)
Intensif	Intensive	كثيف
Intensif (= marqué)	Intensive	موسوم
Intensification	Intensification	تكثيف
Intensité	Intensity	كثافة
Intensité	Intensity	شدة
Intensité sonore	Sonorous intensity	شدة صوتية
Intention	Intention, purpose	قصد
Intentionnalité	Intentionality	قصدية
Intentionnel	Intentional	قصدي

Intéraction	Interaction	تفاعل
Intéraction circulaire	Circular interaction	تفاعل دائري
Interattraction	Interaltration	تجاذب
Intercalée	Intercalated	معترضة
Inter-communication	Intercommunication	يواصل
Intercompréhension	Intercomprehension	تفاهم
Interconnexions	Interconnections	ترابطات
Interdental	Interdental	لثوي /بين الاسنان
Interdépendance	Interdependence	تعاظل
Inter-disciplinaire	Interdisciplinary	ممتزج المعارف
Inter-disciplinarite	Interdisciplinarity	تمازج المعارف
Interférence	Interference	تداخل
Interférence linguistique	Linguistic interference	تداخل لغوي
Interfonctionnel	Interfunctional	وظيفي تناوبي
Intérieur	Interior	داخلي
Interjection	Interjection	اداة تعجب
Interlangue	interlanguage	لغة اصطناعية
Interlocuteur	Interlocuter	محادث
Interpretation	interpretation	تاويل
Interpretation sémantique	Semantic interpretation	تأويل مدلولي
Interrogatif	Interrogative	استفهامي
Interrogation	Interrogation	استفهام
Interrogative (phrase)	Interrogative	استفهامية (جملة)
Interruption	Interruption	قطع
Intersubjectif	Intersubjective	ذاتي مشترك

Intertextuel	Intertextual	متناص
Interversion (=antimétathèse)	inversion	قلب تناظري
Interversion (=métathèse)	Transposition	تبادل
Intervocalique	Intervocale	بين حركتين
Intonation	Intonation	نبرة / ايقاع
Intonationnel	Intenational	تنبيري
Intoxication (=contamination)	Intoxication/poisoning	عدوى
Intralingual (= paraphrastique)	Intralingual	ترديدي
Intransitif (verbe)	Intransitive verb	لازم (فعل)
Introspection	Introspection	استبطان
Introversion	Introversion	انطواء
Introverti	Introverted	انطوائي
Intuition	Intuition	حدس
Invariable	Invariable	مبني /غير متغير / دائم
Invariance	Invariance	قرار
Invention	Invention	ابتكار
Inverse	Inverse/opposite	عكسي
Inverses (dictionnaire)	Opposites	عكسي (قاموس)
Inverse (verbe)	Inverse	متعد ولازم (فعل)
Inversif (affixe)	Inversive	تضديدية(زائدة)
Inversion (=hyperbate)	Inversion	تقديم وتاخير
Inversive (langue)	Inversive	تقلبية (لغة)

Inverti (=retroflexe)	Invert	التوائي
Ionien	Ionien	الايونية
Iranien	Iranian	الايرانية
Irlandais	Irish	الايرلندية
Ironique	Ironic	تهكمي
Irrationnel	Irrational	لامعقول
Irréductible	Irreducible	لامنتزع
Irréel	Unreal	وهمي
Irrégulier	Irregular	شاذ
Irrégulière (forme)	Irregular	غير قياسية (صيغة)
Irreversible	Irreversible	لاتراجعي
Isolation	Isolation	عزل
Italien	Italian	الايطالية
Item	Item	كيان

J

Japonais	Japanese	اليابانية
Jargon	Jargon	رطانة (اللغة الخاصة)
Jointure	Joint	مفصل
Jonction	Junction	لحام
Joncture (= jointure)	Juncture	مفصل (الوقفة)
Juxtaposé	Juxtaposed	مجاور
Juxtaposition	Juxtaposition	تجاور

K

Kabyle	Kabul	القبيلية
Kernel (=khmaer)	Kernel	نواة
Kinème	Kineme	حركة (الجسد)
Kinésique (=paralangage)	Kinesics	ايمائية
Koiné hellenistique	koine	اليونانية المشتركة
Kurde	Kurdish	الكردية
Kymographe	Kymograph	راسم الصوت(الكيموكراف)
Kymographie	Kymography	رسم صوتي

L

Labial	Labial	شفوي
Labialisation	Labialisation	تشفيه
Labialisé	Labialised	مشفه
Labialité	Labiality	شفوية
Labio-dental	Labio-dental	شفوي أسناني
Labiopalatal	Labio-palatal	شفوي غاري
Labia-vélaire	Labio-vela	شفوي طبقي
Labiovélairisation	Labio-velarisation	تشفيه طبقي
Laboratoire	Laboratory	مخبر
Labyrinthe	Labyrinth	متاهة
Lâche	Loose	أرتخائي
Langage	Language	لغة
Langage de programmation	Language of programming	لغة البرمجة
Langage sémiotique	Semiotic language	لغة علامية
Langage-source	Source-language	لغة المصدر
Langue	tongue	لسان
Langue agglamérante	Agglomerated language	لغة اندماجية
Langue agglutinante	Agglutinative language	لغة التصاقية
Langue amalgamante	Amalgamated language	لغة اشتقاقية
Langue analogous	Analogous language	لغة نظامية
Langue analytique	Analytic language	لغة تحليلية

Langue ancienne	Ancient language	لغة قديمة
Langue artificielle	Artificial language	لغة اصطناعية
Langue atomique	Atomic language	لغة ثابتة الجذور
Langue auxiliaire	Auxiliary language	لغة واسطة
Langue-cible	Target language	لغة المنصب
Langue classique	Classical language	لغة عتيقة
Langue commune	Common language	لغة مشتركة
Langue de base	Base language	لغة اساسية
Langue flexionnelle	Inflectioned	لغة اعرابية
Latin	Latin	اللاتينية
Laudatif	Lauding/laudatory	تقريظي
Lautverschiebung (=mutation)	Mutation	انقلاب
Laxité	Laxity	رخاوة
Légendaire	Lengendany	خرافي
Légende	Legend	خرافة
Lénition	Lenition	تخفيف
Lent	Slow	بطيء
Lettre	Letter	حرف
Lettre	Letter	حرف صوتي
Lettre débile	Weall letter	حرف علة
Lèvre	Lip	شفة
Lexème	Lexeme	مأصل
Lexèmes	Lexemes	ماصل
Lexical	Lexical	معجمي
Lexicalisation	Lexicalisation	تعجيم
Lexicaliste	Lexicality	تعجيمي
Lexicographie	Lexicographeg	قاموسية

Lexicologie	Lexicology	معجمية
Lexico-statistique	Lexico-statistical	معجمية احصائية
Lexie	Word	كلمة
Lexique	Lexicon	رصيد
Liaison	Junction/linking	وصل
Liberté d'occurrence	Liberty of occurrence	حرية التوارد
Libre (style)	Free (style)	حر (أسلوب)
Libre (voyelle)	Free (vowel)	مطلقة (حركة)
Licence	Licence	تجوز
Lié	Tied, bound	مرتبط
Linéaire	Linear	خطي
Linéarité	Linearity	خطية
Lingua franca (=sabir)	Lingua-fronca	لغة مزيج
Lingual	lingual	ذولقي
Lingual (= intra-buccal)	Intra-buccal	لساني عضلي
Linguiste	Linguist	لساني
Linguistique (adj.)	Linguistic	لساني
Linguistique (n.)	Linguistics	لسانيات
Linguistique appliquée	Applied linguistics	لسانيات تطبيقية
Linguistique comparée	Comparative linguistics	لسانيات مقارنة
Linguistique contrastive	Contrastive linguistics	لسانيات تقابلية
Linguistique descriptive	Descriptive linguistics	لسانيات وصفية

Linguistique distributionnelle	Distributional linguistics	لسانيات توزيعية
Linguistique fonctionnelle	Functional linguistics	لسانيات وظيفية
Linguistique générale	General linguistics	لسانيات عامة
Linguistique générative	General linguistics	لسانيات توليدية
Linguistique géographique	Geographical	لسانيات جغرافية
Linguistique historique	Historical linguistics	لسانيات تاريخية
Linguistique structurale	Structural linguistics	لسانيات بنيوية
Linguistique théorique	Theoretical linguistics	لسانيات نظرية
Linguistique transformationnelle	Transformational linguistics	لسانيات تحويلية
Linguographie	Linguagraphy	رسم اللسان
Liquide	Liquid	مائع
Lisibilité	Lisibility	اقتراء
Listefermée	Closed list	قائمة مغلقة
Listeouverte	Open list	قائمة متفتحة
Litote	Litotis	تلطيف
Littéroure	Literary	ادبي
Littéral	Literal	فصيح
Littéral (arabe)	Standard	فصحى
Littérarite du texte	Literality of the text	ادبية النص
Littérature comparée	Comparative literature	ادب مقارن

Littérature courante	Current literature	ادب رائج
Local	Local	موضعي
Locatif	Locative	مفعول الموضع
Locuteur	Locuter	متحدث / متكلم
Locution	Phrase	عبارة
Logique (adj.)	Logical	منطقي
Logique (n.)	Logic	منطق
Logique analytique	Analytical logic	منطق تحليلي
Logique formelle	Formal logic	منطق صوري
Logistique (n.)	Logistic	منطق رياضي
Logogramme phonétique	Phonetic	رسم صوتي
Logogramme sémantique	Semantic	رسم دلالي
Logomachie	Logomachy	جدل لفظي
Loi d'ordre	Law of order	قانون ضابط
Loiphonetique	Phonetic law	قانون صوتي
Lois finies	Finite laws	قوانين متناهية
Lois fonctionnelles	Functional laws	قوانين دالية
Lois	Laws	
Lois linguistique	Linguistic law	قانون لغوي
Long	Long	طويل
Longue (voyelle)	Long (vowels)	طويلة (حركة)
Longueur	Length	طول
Louange	Praise	ثناء
Luette	Uvula	لهاة
Lyrique	Lyric	غنائي

M

Macédonien	Macedonian	الماسيدونية
Machine	Machine	الة
Mâchoire	Jaw	فك
Macrocontexte	Macrocontext	سياق اكبر
Marcrophonème	Macrophoneme	صوتم اكبر
Macroscopique	Macroscopic	عياني
Macrosegment	Macrosegment	قطعة كبرى
Macro-séquence	Macro-sequence	وصلة كبرى
Magnétoscope	Magnetoscope	مسجل الصورة
Majesté	Majesty	فخامة
Majeure	Major	كبرى
Malais (= malay)	Malay	المالية
Mâle	Male	ذكر
Malgache	Malagasian	الملغاشية
Maltais	Maltese	المالطية
Mande	Said/anncunced	منطوق منجز
Manifestation	Manifestation	تجل
Marginal	Marginal	هامشي
Marker	Marker	واسم مفهومي
Marker (synt.)	Syntactic marker	واسم بنائي
Marquant	Outstanding/remarkable	محايز
Marque	Mark	سمة /علامة
Marqué	Marked	موسوم
Marquer	To mark	وسم

Marquear (=marker)	Marker	واسم
Masculin	Masculine	مذكر
Masqué (discours)	Masked	مقنع (خطاب)
Masque	Mask	قناع
Masque des mots	Mask of words	قناع الألفاظ
Masse	Mass	كتلة
Massifs (noms)	Massive (nouns)	متكتلة (اسماء)
Massique (= massif)	Massive	متكتل
Maternel	Maternal	امومي
Maternelle (langue)	Maternal (language)	لغة الأمومة
Mathématique (adj.)	Mathematical	رياضي
Mathématiques	Mathematics	رياضيات
Matière	Material	مادة
Matrice	Matrix	مصفوفة / قالب
Matrice (phrase)	Matrix (sentence)	منوالية (جملة)
Mécanique (adj.)	Mechanic	الاني
Mécanique (n.)	Mechanics	الانية
Mécanisme du signe	Mechanism of sign	الانية العلامة
Mécanismes psychologiquesq	Psychological mechanisms	الانيات نفسية
Médian	Median	وسطي
Médiateur	Mediator	وسيط
Médiation	Medication	وساطة
Médiodorsal	Medio-dorsal	وسطي ظهري
Médiopalatal	Medio- palatal	وسطي حنكي
Méditation	Meditation	تأمل
Mélioratif	Meliorative	اطرائي
Mélioration	Melioration	اطراء

Mélodie	Melody	تناغم
Mélodie d'intonat	Melody of	
Mélodique	Melodic	تناغمي
Membre	Member	عضو
Mémoire	Memory	ذاكرة
Mémoire auditive	Auditory memory	ذاكرة سمعية
Mémoire intermédiaire	Intermediate/memory	ذاكرة وسطية
Mémoire interne	Internal memory	ذاكرة داخلية
Mémoire secodaire	Secondary memory	ذاكرة ثانوية
Mémoirisation	Memorization	استذكار
Mensonge	Lie	كذب
Mental	Mental	ذهني
Mentalisme	Mentalism	ذهنية
Mentaliste	Mentalist	ذهني
Message	Message	رسالة
Mesure métrique	Metric measurement	وزن
Métabole	Metabole	جمع الترادفات
Métamorphose	Metamorphosis	انسلاخ
Métaphonie	Mutation	تجانس
Métaphonie vocalique	Voculic mutation	تجانس حركي
Métaphore	Metaphor	مجاز /استعارة
Métastase	Metastasis	أنشأت
Métathèse	Metathesis	تبادل
Méthode	Method	منهج
Méthode comparative	Comparative method	منهج مقارن

Méthode empirique	Empirical method	منهج اختباري
Méthode descriptive	Descriptive method	منهج وصفي
Méthodique	Methodical	منهجي
Méthodologie	Methodology	منهجية
Méthodologique	Methodological	مناهجي
Métonymie	Metonymy	كناية
Mètre	Meter	بحر
Métriciens	Metricians	عروضيون
Métrique (adj.)	Metric	عروضي
Métrique (n.)	Metrics	عروض
Microcontexte	Microcontext	سياق اصغر
Microglossaire	Microglossary	كشف اصغر
Microphonème	Micro-phoneme	صوتم اصغر
Microscopique	Microscopic	مجهري
Microsegment	Micro-segment	قطعة صغرى
Micro-séquence	Micro-sequence	وصلة صغرى
Microstructure	Micro-structure	بنية صغرى
mi-fermé	Half-closed	نصف مغلق
Milieu de la langue	Middle of the tongue	وسط اللسان
Mimique	Mimic	محاكاة
Minimal	Minimal	ادنى
Minimale	Minimal	دنيا
Miroitant	Dazzling, glistening	نصف انسدادي
Mixte	Joint	مزيج
Mobile (adj.)	Morable	متحرك
Mobile (n.)	Motive power	دافع
Mobiles	Motive powers	دوافع
Modal	Modal	صوغي

Modalisation	Modalisation	تصوير
Modalité	Modality	صوغ
Mode (n.f.)	Fashion, form, manner	رائجة / نوع
Mode d'articulation	Manner of articulation	نوع التلفظ
Mode linguistique	Linguistic form	رائجة لغوية
Mode (n.m.)	Type	ضرب
Mode (= catégorie grammaticale)	Grammatical category	جنس الكلام
Mode (=modalisation)	Moddalisation	تصوير
Mode (= modalité)	Modality	صور
Modes d'articulation	Manners of articulation	صفات النطق
Modes des verbes	Verb forms	ضروب الافعال
Modèle	Pattern model	مثال
Modèle explicatif	Explicative explanatory model	مثال تفسيري
Modificateur	Modifactory	محور
Modofication	Modification	تحوير
Modifier	Modifier	حور
Modiste	Modist	صياغي
Moindre effort	The least effort	لجهود ادنى
Molaire	Molar	ضرس
Molaires	Molaries	اضراس
Moléculaire	Molecular	هبائي
Moment	Moment	وقت

Momentané	Momentary	متواقت
Mongol	Mongol	المنغولية
Monologuel	Monologue	مناجاة
Monophone	Monophone	وحيد الصوت
Monophonématique	Monophenometic	فريد الصوتية
Monosyllabe	Monosyllable	مقطع فريد
Monosyllabique	Monosyllabic	فريد المقطع
Monosystèmique	Monosystematic	متوحد الانظمة
Monotonisation	Monotonisation	مراتبة
Morphème	Morpheme	صيغم
Morphologie	Morphology	صيغمية
Morphologique	Morphological	صيغمي
Morphonème	Morphoneme	صرفم
Morphonologie	Morphonology	صرفمية
Morpho-phonologie (= morphonologie)	Morpho-phonology	صرفمية
Morphosyntaxe	Morphosyntaxt	تشاكلية
Morphosyntaxique	Morphosyntaxtic	تشاكلي
Mort	Dead	ميت
Mot	Word	لفظ / حكمة
Motif	Motive	باعث
Motifs	Motives	بواعث
Motivation	Motivation	حافز
Motivations	Motivations	حوافز
Motivé	Justified	معلل
Motivide	Empty word	لفظ مبهم
Mou	Soft	لين
Mouillé	Liquid	ملين

Mouillement (= mouillure)	Liquidity	تليين
Mouillure	Wetness	تليين
Mouvement	Movement	حركة
Moyen (ajd.)	Middle	متوسط
Moyen (n.)	Means	وسيطة
Moyen expressif	Expressive means	وسيلة تعبير
Muet (phonème)	Suite	صامت (صوتم)
Muet (son)	Mute	مغلق (صوت) / صامت
Multidimensionnel	Multidimensional	متعدد الابعاد
Multidisciplinaire	Multidisciplinary	متضافر المعارف
Multidisciplinarité	Multidisciplinarity	تضافر المعارف
Multilatéral	Multilateral	متعدد الاطراف
Multilingue	Multilingual	متعدد اللغات
Multilinguisme (= plurilinguistique)	Multilinguism	تعدد اللغات
Multiple	Multiple	متكاثر
Multiplicité	Multiplicity	تكاثر
Murmurer	To murmur	تمتم
Musical	Musical	موسيقي
Musicalité	Musicality	موسيقية
Mutation	Mutation	انقلاب
Mutablité	Mutability	تبادل / قابلية التغير
Mutilation	Mutilation	قطع
Mutilé	Maimed	منهوك
Myo-élasticité	Myoclasticity	تمطط عضلي
Myo-élastique	Myoclastic	متمطط عضلي
Myographe	Mygraph	راسم عضلي

Myographie	Mygraphy	رسم عضلي
Mythe	Myth	اسطورة
Mythologique	Mythologic	اسطوري

N

Narrateur	Narrator	راو
Narratif	Narrative	سردي
Narration	Narration	سرد
Narrativité	Narrativity	سردية
Narratologie	Naurratology	مسردية
Nasal	Nasal	خيشومي
Nasalisation	Nasalisation	اضفاء الخيشومية
Nasalisation	Nasalisation	ادغم بالغنة
Nasalisé	Nasalise	اغن
Nasalité	Nasality	غنة
Nasillement	Nasal pronunciation	خيشومية
Natif	Native	سليقي
Natif (locuteur)	Native (speaker)	بالمنشا (متحدث)
Nature	Nature	طبيعة
Nature (par)	Naturally	بالطبع
Naturel	Natural	طبيعي
Nébuleux (discours)	Obscure, vague, hazy	سديم (خطاب)
Nécessaire	Necessary	واجب
Néerlandais	Dutch	الهولندية
Négatif	Negative	سلبي
Négatif	Negative	منفي
Négation	Negation	نفي
Néo-grammairiens	New-grammarians	نحاة محدوثون
Néo-grec	New Greek	اليونانية الحديثة
Néologie	Neology	اصطلاحية
Néologie	Neology	وضع المصطلح
Néologique	Neologic	اصطلاحي

Néologique (science)	Neologies	علم المصطلح
Néologisme	Neologism	مبتكر / مولود في اللغة
Néologisme de forme	Neologism of form	مبتكر لفظي
Néologisme de sens	Neologism of meaning	مبتكر معنوي
Net	Net, clean	نقي
Netteté	Cleanness, neatness	نقاء
Neurolinguistique (adj.)	Neurolinguistic	لساني عصبي
Neuro linguistique (n.)	Neurolinguistics	لسانيات عصبية
Neurosémantique	Neurosemantic	عصبي دلالي
Neutralisable	Neutralisable	متحييد
Neutralisation	Neutralisation	تحييد
Neutralisation des oppositions	Neutralisation of oppositions	الغاء المتقابلات
Neutralisé	Neutralise	محيد
Neutre	Neuter	محايد
Nérrose	Neurotic	عصاب
Niveaux inférieurs	Inferior levels	مستويات دنيا
Niveaux supérieurs	Superior levels	مستويات عليا
Noble (langage)	Noble (language)	شريفة لغة
Nom	Noun	اسم
Nom commun	Common noun	اسم نكرة
Nom propre	Proper noun	اسم علم
Nombre	Number	عدد
Nombre fini	Finite number	عدد متناه
Nombre infini	Infinite number	عدد لامتناه
Nomenclature	Nomenclature	تثبت اصطلاحي
Nominal	Nominal	اسمي
Nominalisation	Nominalisation	تمحيض اسمي

Nominatif (adj.)	Nominative	عيني
Non-animé	Unanimate	جماد
Non-défini	Indefinite	غير معرف
Non-écrit	Unwritten	غير مكتوب
Non-emphatique	Non-emphatic	غير مفخم
Non-fonctionnel	Non-functional	غير وظيفي
Non-humain	Inhuman	غير بشري
Non-voisé	Unvoiced	غير مجهور
Normatif	Normative	معياري
Normalisation	Normalisation	تسوية
Normalisé	Normalise	مسوى
Norme	Norm	معيار
Normes générales	General	معايير عامة
Norvégien	Norwegian	النرفيجية
Notation	Notation	اعجام / ترقيم
Notionnel	Notional	مضموني
Nounation	Nuniation	تنوين
Nouvelle	Novel	اقصوصة
Noyau	Kernel	نواة
Noyau prédicatif	Predicative kernel	نواة اسنادية
Nu	Naked	عار
Nuance	Nuance	فارق
Nubien	Nubian	النوبية
Nucléaire	Nuclear	نووي
Nucléus	Nucleus	نواة الاساس/ محور التركيب
Numéral	Numeral	تعدادي

O

Objectif	Objective	مفعول المصدر
Objectif (génitif)	Genitive	اضافة المصدر الى مفعوله
Objectivation	Objectivation	توضيع
Objet	Object	موضوع
Objet (synt.)	Object	منظم محول
Objet (complément d'	Object	مفعول
Objet direct	Direct object	مفعول المتعدي
Objet indirect	Indirect object	مفعول بحرف الجر
Obligatoire	Obligatory	وجوبي
Oblique	Oblique	مائل
Obstacle	Obstacle	حاجز
Occlusif	Occlusive	شديد
Occlusif	Occlusive	انسدادي
Occlusion	Occlusion	شدة
Occlusion	Occlusion	انسداد
Occurent	Occurent	متوارد
Occurrence	Occurrence	توارد
Océanien	Oceanic	الاقيانية
Œsophage	Oesophagus	بلعوم
Onde	Wave	موجة
Ondulation	Waving	تموج
Ondulatoire	Lendulatory	تموجي
Onomastique	Onomastic	اسمائية
Ontologie	Ontology	انية

Ontologique	Ontological	اني
Opacité	Opacity	عتامة
Opaque	Opaque	عاتم
Opérant	Operant	فعول
Opérateur	Operator	انجازي
Opératif (temps)	Operative (time)	تحقيقي (زمن)
Opérationnel	Operational	اجرائي
Opératoire	Operative	فعال
Opinion	Opinion	راي
Opinion (verbes d'-)	Varbs of opinion	افعال الظن
Opposant	Opponent	مناوئ
Opposé	Opposite	مقابل
Oppositif	Oppositive	متقابل
Opposition	Oppositive	تقابل
Opposition accentuelle	Accentual opposition	تقابل نبري
Opposition graduelle	Gradual opposition	تقابل تدرجي
Oral	Oral	شفوي
Ordinal	Ordinal	رتبي
Ordre	Order	نسق
Ordres du discours	Order of discourse	انساق الخطاب
Ordre (verbes d'-)	Verbs of order	افعال الطلب
Ordre des mots	Order of words	ترتيب الالفاظ
Oreille extérieure	External ear	اذن خارجية
Oreille intérieure	Internal ear	اذن داخلية
Oreille moyenne	Middle ear	اذن وسطى
Organe	Organ	عضو
Organes de la phonation	Organs of	اعضاء التصويت

Organes de l'articulation	Organs of articulation	اعضاء النطق
Organicisme	Organism	عضوانية
Organique	Organic	عضوي
Organisation (n.a.)	Organisation	تنظيم
Organisation (sub.)	Organisation	انتظام
Organiser (s')	To organize	انتظم
Organisme	Organism	كيان عضوي
Orienté	Oriented	موجة
Orthographe	Orthography	رسم
Oscillographe	Oscillograph	راسم ذبذبي
Oubli	Oblivion, self-forgetfulness	نسيان
Output	Output	محصل
Ouvert	Overt	مفتوح
Ouverte (voyelle)	Open vowel	منفرجة (حركة)
Ouverture du larynx	Opening of larynx	فتحة المزمار
Ouverture maxima	Maximum opening	انفتاح أقصى
Ouverture minima	Minimum opening	انفتاح أدنى
Ouverture moyenne	Medium, middle, opening	انفتاح وسط
Oxymoron (=oxymore)	Oxymora	ضديدة
Oxyton	Oxytone	نبر ختامي

P

Pahlavi	Pahlavi	البهلوية
Paire	Pair	زوج
Paire corrélative	Correlative pair	زوج تلازمي
Paires minimales	Minimal pairs	ازواج دنيا
Paires opposés	Opposite pairs	ازواج متقابلة
Palais	Palate	حنك
Palais artificiel	Artificial palate	حنك اصطناعي
Palatal	Palatal	حنكي
Palatalisation	Palatalisation	تغوير
Palatalisé	Palatalised	مغور
Palatin	Palatine	غاري
Palato-alvéolaire	Palato-alveolar	اثوي حنكي
Palatogramme	Palatogram	رسم حنكي
Palatographie	Palatography	تحنيك
Palatographique	Platographic	تحنيكي
Palénotologie	Paleontology	احاثية
Palier	Level	مرتبة
Parabole	Parabola	خط بياني
Paradigmatique	Paradigmatic	جدولي
Paradigme	Paradigm	جدول / صيغة التصريف
Paradoxal	Paradoxical	مناقض
Paradox	Paradox	مناقضة
Paragrammatisme	Paragrammation	فقدان النظمية
Paragraphe	Paragraph	فقرة
Paralinguistique	Paralinguistic	ايمائي

Parallélisme	Parallelism	تواز
Paraphrase	Paraphrase	ترديد / تأويل
Paraphrastique	Paraphrastic	ترديدي
Parasite (son)	Parasite	طفيلي (صوت)
Parasynthétique (mot)	Parasynthetic	زوائدي (لفظ)
Parataxe (=juxtaposition)	Juxtaposition	تجاور
Parenté	Kinship	قرابة
Parenthèses	Parenthesis	قوسان
Parenthétisation	Parenthetisation	تقويس
Parfait (= accompli)	Perfect	منجز
Parisyllabique	Parisyllabic	متساوي المقاطع
Parlé	Spoken	منطوق
Parler (v.)	To speak, to talk	تكلم
Parler (n.)	Speech, way of speaking	لهجة
Parleur (= locuteur)	Speaker, locuter	متحدث
Parole	Speech	كلام
Paronyme	Paronym	مجانس غير تام
Participant	Participant	مشارك
Participe (participial)	Participial	فاعل الحالية
Participe passé	Past participle	مصدر المفعولية
Participe présent	Present participle	مصدر الفاعلية
Participiale (transformation)	Transformation	فاعلي حالي (تحويل)
Particularité linguistique	Linguistic particularity	خصوصية لغوية
Particule	Particle	اداة

Partie	Part	جزء
Parties du discours	Parts of speech	اقسام الكلام
Partiel	Partial	جزئي
Partitif (adj.)	Partitive	تبعيضي
Passé	Past	ماض
Passif	Passive	مفعول
Passive (forme)	Passive form	صيغة القابلية
Passive (voix)	Passive voice	مبني للمجهول
Pastiche	Pasticle	معارضة
Pathologique	Pathological	مرضي
Patois	Dialect	لهجة ريفية
Patronyme	Surname	لقب ابوي
Pattern	Pattern	منوال
Pause	Pause	وقف
Pédagolinguistique(n.)	Pedagolingcuisties	لسانيات تربوية
Péjoratif	Pejirative	تهجيني
Péjoration	Pejoration	تهجين
Pensant	Thinking	مفكر
Pénultième	Penultimate	مقطع قبل الاخير
Perceptibilité	Perceptability	ادراكية
Perception globale	Global perception	ادراك جملي
Perception immédiate	Immediate perception	ادراك مباشر
Pérégrinisme	Peregrination	مقتبس
Perfectif (= accompli)	Perfective	منجز
Perfectum	Perfect	صيغة الانجاز
Performance	Performance	انجاز
Performatif	Performative	مناجز

Période	Period	دورة
Période	Period sentence	جملة دورية
Périodique	Periodic	ادواري
Périphrase (rhé.)	Periphrasis	تورية
Périphrase (sty.)	Periphrasis, periphrase	تعريض
Périphrase (synt.)	Periphrasis, periphrase	تعبير تحليلي
Périphrastique	Periphrastic	تعريضي
Permanence	Permanence	دوام
Permanent	Permanent	دائم
Permissif	Permissive	تجويزي
Permutable	Permutable	استعاضي
Permutatif	Permutative	تناوبي
Permutation (=alternance)	Permutation	تناوب
Permutation (=commutation)	Commutation	تعاوض
Permutation (=métathèse)	Metathese	تبادل
Permutations	Permutations	تقليبات
Persan	Persian	الفارسية
Persévération (=contamination)	Contamination	عدوى
Personnalisme	Personalism	شخصانية
Personne	Person	ضمير
Personne	Person	شخص
Personnel (mode)	Mode	مصرف (ضرب)

Personnel (pronom)	Pronoun	تصريفي (ضمير)
Personnification	Personification	تجسيم
Pertinence	Pertinence	افادة
Pertinent	Pertinent	مفيد
Pharynx	Pharynx	ادنى الحلق
Phénicien	Phenician	الفينيقية
Phénomène	Phencmercon	ظاهرة
Phénomène linguistique	Linguistic phenomenon	ظاهرة لغوية
Phénoménologie du langage	Phenomenology of language	ظواهرية اللغة
Phénoménologique	Phenomenological	ظواهري
Philologie comparative	Comparative philology	فقه اللغة المقارن
Philologique	Philological	فقه لغوي
Philosophie du langage	Philosophy of language	الفلسفة اللغوية
Phone (= son)	Sound	صوت
Phonème	Phoneme	صوتم
Phonème fermant	Closed phoneme	صوتم عالق
Phonème marginal	Marginal phoneme	صوتم هامشي
Phonème primaire	Primary phoneme	صوتم اساسي
Phonème secondaire	Secondary phoneme	صوتم ثانوي
Phonème segmental	Segmental phoneme	صوتم تقطيعي
Phonème suprasegmental	Suprasegmental phoneme	صوتم فوق المقطعي
Phonémique (=phonematique)	Phonemic	صواتمي

Phonéticien	Phonetician	اصواتي
Phonétique (adj.)	Phonetic	صوتي
Phonétique (n.)	Phonetics	صوتيان
Phonétique acoustique	Acoustic phonetics	صوتيات سمعية
Phonétique articulatoire	Articulatory phonetics	صوتيات نطقية
Phonétique combinatoire	Cominatory phonetics	صوتيات تعاملية
Phonétique descriptive	Descriptive phonetics	صوتيات وصفية
Phonétique diachronique	Experimental phonetics	صوتيات زمنية
Phonétique expérimentale	Diagronic phonetics	صوتيات تجريبية
Phonétique fonctionnelle	Functional phonetic	صوتيات وظيفية
Phonétique générale	General phonetics	صوتيات عامة
Phonétique historique	Historical phonetics	صوتيات تاريخية
Phonétique instrumentale	Instrumental phonetics	صوتيات الية
Phonétique normative	Normative phonetics	صوتيات معيارية
Phonique	Phonic	تصويتي
Phonographie	Phonoraghy	تسجيل الصوت
Phonologique	Phonological	صوتمي
Phonostylistique (adj.)	Phonostylistic	اسلوبي صوتي
Phonostylistique (n.)	Phonostylistics	اسلوبية صوتية

Phrase	Sentence	جملة
Phrase complétive	Completive sentence	جملة متممة
Phrase complexe	Complex sentence	جملة مركبة
Phrase conditionnelle	Conditional sentence	جملة شرطية
Phrase corrélative double	Double correlative sentence	جملة
Phrase énonciative	Enunciative sentence	جملة
Phrase nucléaire	Nuclear sentence	جملة
Phrase pure	Pure sentence	جملة
Phrase déclarative	Declarative sentence	جملة تقريرية
Phrase dérivé	Derived sentence	جملة مشتقة
Phrase elliptique	Elliptic sentence	جملة مختزلة
Phrase impérative	Imperative sentence	جملة طلبية
Phrase-matrice	Matrice sentence	جملة منوالية
Phrase nominale	Nominal sentence	جملة اسمية
Phrase-noyau	Nuclues sentence	جملة نواة
Phrase-noyau (=phrasenucléaire)	Nuclues sentence	جملة نووية
Phrase principale	Principal sentence	جملة اصيلة
Phrase simple	Simple sentence	جملة بسيطة
Phrase verbale	Verbal sentence	جملة فعلية
Phrase noyaux	Nuclues sentence	جمل نوى
Phraséologie	Phraseology	تركيب نوعي
Physiologie	Physiology	فسلجة
Physiologique	Physiological	فسلجي
Pied	Foot	رجل
Pitch	Pitch	مكاثفة
Place	Place	موضع

Plaisanterie	Joking	مزاح
Plan	Level, plane	مكانة
Pluralité (là)	Pluralilg	الجمع
Pluriel	Plural	جمع
Pluriel irrégulier	Irregular plural	جمع تكسير
Pluriel régulier	Regular plural	جمع سالم
Plurilingue (=multilingue)	Multilingual	متعدد اللغات
Plurisystème	Multisystem	تعدد النظام
Plurilinguisme	Multilingualism	تعدد اللغات
Poétique	Poetic, poetical	شعري
Poétique (adj.)	Poetic	انشائي
Poétique (n.)	Poetics	انشائية
Point	Point	نقطة
Point d'articulation	Point of articulation	مخرج
Point d'exclamation	Point of exclamation	نقطة تعجب
Point d'interrogation	Point of interrogation	نقطة استفهام
Points de suspension	Point of suspension	نقطة تتابع
Pointe de la langue	Point of the langue	طرف اللسان
Polarisation	Polarization	استقطاب
Polariser	To polarize	استقطب
Polonais	Polish	البولونية
Polyglotte	Polyglot	متعدد الالسنة
Polyglattisme	Polyglotism	تعدد الالسنة
Polysyllabe	Polysyllabic	متعدد المقاطع
Polysyllabique (=polysyllabe)	Polysyllabic	متعدد المقاطع

Polysystémique	Polysystematic	متعدد الانظمة
Ponctuation	Punctuation	تنقيط
Ponctuel (aspect)	Punctual	حوزي (مظهر)
Populaire (étymologie)	Popular, familiar	جمعي (اشتقاق)
Populaire (forme)	Popular, common	طبيعية (صيغة)
Populaire (usage)	Common	شعبي (استعمال)
Portée	Import	وقع
Porteur de sens	Bearer, carrier	حامل المعنى
Portugaus	Portuguese	البرتغالية
Posé	Steady, sober, sedate	مصرح
Positif	Positive	موجب
Position	Positive	موقع
Positivisme	Positivism	وضعية
Positiviste	Positivity	وضعي
Possesseur	Possessor	مالك
Possessif	Possessive	تملكي
Possession	Possession	تملك
Possibilité	Possibility	امكان
Possible	Possible	ممكن
Postalvéolaire	Postalveolar	لثوي حنكي
Postdorsal	Postdorsal	ظهري خلفي
Postérieur	Posterior	خلفي
Postiche (élément)	Positche (element)	احلالي (عنصر)
Postposition	Postposition	ارداف
Postulate	Postulate	مصادرة
Postulation	Postulation	تسليم
Post-vélaire	Post velar	لهوي خلفي

Potentialité	Potentiality	كمون
Potentiel	Potential	كامن
Poumon	Lung	رئة
Pourquoi (le)	Why, that's why	اللم
Pouvoir (n.)	Appeal	اقتدار
Pragmatique (adj.)	Pragmatic	ذرائعي
Pragmatique (n.)	Pragmatics	ذرائعية
Pratique (adj.)	Practical	عملي
Pratique (n.)	Practice	ممارسة
Précis	Precis	دقيق
Précision	Precision	دقة
Prédicat	Predicate	محمول
Prédicat	Predicate	مسند
Prédicatif	Predicative	حملي
Prédicatif	Predicative	اسنادي
Prédication	Predication	حمل
Prédictif	Predictive	استصعابي
Prédisposition	Predisposition	استعداد اولي
Prédominant	Predominant	غالب
Préfixation	Prefixation	اسباق
Préfixe	Prefix	سابقة
Préfixes autonomes	Autonomous prefix	سوابق مستقلة
Premier (sens)	Primary (meaning)	اولي (معنى)
Prémisses	Premises	مقدمات
Prépalatal	Prepalatal	نطعي
Prépositif	Prepositive	مسبوق بحرف
Préposition	Preposition	حرف معنى
Prépositions	Prepositions	حروف المعاني
Prépositionnel (=prepositif)	Prepositional	مسبوق بحرف

Prescriptif	Prescriptive	تقنيني
Présence d'une absence	Presence of an absance	شاهد عن غائب
Présence linguistique	Linguistic presence	حضور لغوي
Présent	Present	حاضر
Présentatif	Presentative	تقديمي
Présentation	Presentation	تقديم
Pression	Pressure	ضغط
Présupposé	Presuppose	مقرض
Présupposés du langage	Presuppositions of language	مفترضات اللغة
Présupposition	Presupposition	افتراض
Prétérit	Preterit	مضيء
Prétérition	Preterition	قول مراوغ
Pretexte	Praetexta	تعلة
Pré-texte	Pretext	نشوء النص
Prévisibilité	Previsibility	توقعية
Primaire	Primary	ابتدائي
Primitif	Primitive	بدائي
Principal	Principal	اساسي
Principe d'évidence	Principle of evidence	مبدا البداهة
Principe d'exhaustivité	Principle of evidence	مبدأ الاستقصاء
Principe méthodologique	Methodological principle	طريقة منهجية
Principe de normalisation	Normalization principle	مبدأ التسوية
Probabilisté	Probabilistic	احتملي

Probabilité	Probability	احتمال
Probable	Probable	محتمل
Problématique (adj.)	Problematic	اشكالي
Problématique (n.)	Problem	اشكال
Procédure	Procedure	توسل
Production	Production	انتاج
Productivité	Productivity	انتاجية
Profonde (structure)	Profound (structure)	عميقة (بنية)
Progressif	Progressive	متدرج
Projectif	Projective	اسقاطي
Projection	Projection	اسقاط
Prolongation	Prolongation, protraction	تمديد
Pronom	Pronoun	ضمير
Pronom démonstratif	Demonstrative pronoun	اسم اشارة
Pronom interrogatif	Interrogative pronoun	اسم استفهام
Pronom personnel	Personal pronoun	ضمير عيني
Pronom relatif	Relative pronoun	اسم موصول
Pronominal	Pronominal	ضميري
Pronominalisation	Pronominalisation	تضمير
Prononcé	Pronounced	مقول
Prononciation	Pronunciation	تلفظ
Proportion continue	Continuous proportion	تناسب متصل
Proportion discrète	Discrete proportion	تناسب منفصل
Proportion en extension	Extension proportion	تناسب ممتد

Proportion relative	Relative proportion	تناسب طردي
Proportionnel	Proportional	متناسب
Propos (synt.)	Talk, conversation	خبز
Proposition	Proposition	قول / جملة
Proposition	Proposition	جملة صغرى
Propre (nom)	Proper noun	اسم علم
Propriété caractérisique	Characteristic property	خاصية مميزة
Propiétés accidentelles	Accidental properties	خصائص عرضية
Prosodie	Prosody	نغمية
Prosodique	Prosodic	نغمي
Prototype	Prolotype	نموذج الاصل
Protracté	Protractile	مستطا
Protraction	Protraction	استطالة
Proverbe	Proverb	مثل
Proximité	Proximity	اشارة للقريب
Prussien	Prussian	البروسية
Pseudo-intransitif (=inverse)	Pseudo-intransitive	متعدد ولازم
Psychanalyse	Psychoanalysis	تحليل نفسي
Psychique	Psychic	نفساني
Psycho-acoustique (adj.)	Psycho-acoustic	نفسي سمعي
Psycho-acoustique (n.)	Psycho-acustics	سمعيات نفسية
Psychocritique	Psychocriticism	نقد نفساني
Psycholinguistique (adj.)	Psycholinguistic	لساني نفسي

Psycholinguistique (n.)	Psycholinguistics	لسانيات نفسية
Psychologique	Psychological	نفسي
Psychophonétique	Psychophonetics	صوتيات نفسية
Psychosémiologie	Psychosemiology	نظامية علامية
Psychosystématique (adj.)	Psycho-systematic	نظامي نفسي
Puissance	Power, force	قوة
Puissant	Powerful	قوي
Puissant (plus)	More powerful	اقوى
Punique	Punic	القرطاجنية
Purisme	Purism	صفوية

Q

Quadrangulaire (système vocalique)	Quadrangular/four-angled	رباعي (نظام حركي)
Qualificatif	Qualificative	نعت
Qualifié	Qualified	منعوت
Qualité	Quality	كيفية
Quantification	Quantification	تكميم / كمية
Quantifier	Quantifier	كمم
Quantitatif	Quantitative	كمي
Quantité	Quantity	كمية
Questionnaire	Questionnaire	استبانة
Quiproque	Misunderstanding	تلابس
Quolibet	Jeer/gibe	مراوغة ساذجة

R

Racine	Root	اصل – جذر
Racine	Root	جذر
Racine de la langue	Root of the longue	ارومة اللسان
Radical (n.)	Radical	اصلي
Radical (= uvulaire)	Radical	طبقي
Radix	Root	ارومة
Raison	Reason	عقل
Raison pure	Pure reason	عقل محض
Raisonnable	Reasonable	استدلالي
Raisonnement	Reasoning	استدلال
Raisonnement déductif	Deductive reasoning	استدلال استنتاجي
Raisonnement déductif	Inductive reasoning	استدلال استقرائي
Rang	Rank	مرتبة – رتبة
Rapidité	Speed/speediness	مسارعة
Rapport binaire	Binary rapport	علاقة ثنائية
Rapport de complémentarité	Complementary rapport	علاقة تكامل
Rapport d'implication	Implication rapport	علاقة استلزام
Rapport d'inclusion	Inclusion rapport	علاقة تضمن
Rapport d'insertion	Insertion rapport	علاقة اندراج
Rationalisation	Rationalization	عقلنة
Rationaliser	To rationalize	عقلن

Rationalisme	Rationalism	عقلانية
Rationnel	Rational	عقلاني
Réaction	Reaction	رد فعل
Realia	Realia	تمثيل بالصورة
Réalisation	Realization	احداث
Réalise	Realize	منجز
Réalisme	Realism	واقعية
Réalité extérieure	Exterior reality	واقع خارجي
Rébus	Rebus	تشكيل رمزي
Recatégorisation	Recategorization	تجنيس
Récepteur	Receiver	متقبل – متلقي
Réceptif	Receptive	التقاطي
Reception	Reception	تقبل
Réceptionnalisme	Receptionalism	استقبالية
Réceptivité	Receptivity	قابلية
Réciprocité	Reciprocity	تبادلية
Réciproque	Reciprocal	متبادل
Récit	Recital	رواية
Recognitif	Recognitive	اعترافي
Reconstruction	Reconstruction	ترسيس
Récursif	Recursive	تردادي
Récursif (=éjectif)	Ejective	قذفي
Réduction	Reduction	تقليص
Réduplication	Reduplication	تكرار
Réel (adj.)	Real	حقيقي
Réel (n.)	Reality	واقع
Réfère	Refer	محال عليه
Référence	Reference	احالة – مرجع

Référent	Referent	مرجع
Référentiel	Referential	مرجعي
Réflechie (forme)	Reflexive	صيغة المطاوعة
Réflecteur	Reflecting	عاكس
Réflexif	Reflexive	انعكاسي
Réflexion	Reflection	روية
Réflexivite	Reflexivity	انعكاسية
Réforme	Reformation	تهذيب
Réformé	Reformed	مهذب
Reformulation (=paraphrase)	Reformulation	ترديد
Régime (grammatical)	Grammatical	معمول (نحوي)
Régional (dialecte)	Regional dialect	جهوية (لهجة)
Régir	To goven	حكم
Registre	Register	سجل
Règle	Rule	قاعدة
Règle alternante	Alternative rule	قاعدة مناوبة
Règle obligatoire	Obligatory rule	قاعدة ضرورية
Régressif	Regressive	رجعي
Regroupement	Regroupment	تجميع
Régularité	Regularity	اطراد
Regulier	Regular	مطرد
Rejet	Casting up ; setting aside	نبذ
Relâché (= lâche)	Relaxing	ارتخائي
Relâchement musculaire	Muscular looseness	ارتخاء عضلي

Relatif	Relative	تبيع
Relatif (critère)	Relative (criterion)	نسبي (مقياس)
Relatif (pronom)	Relative (noun)	موصول (اسم)
Relatif (syntagme)	Relative (syntagm)	مضاف (منظم)
Relation	Relation ratio	نسبة
Relation	Relation	علاقة
Relation	Relation	ارتباط
Relations constituantes	Constituent relations	نسبة مكونة
Relations structurales	Structural relations	نسب بنيوية
Relations structurelles	Structural relations	نسب بنائية
Relation verbale	Verbal relation	علاقة فعلية
Relationnel	relational	علائقي
Relationnisme	Relativism	علائقية
Relative (proposition)	Relative	موصولة (جملة)
Relativisation	Relativization	تعليق اتباعي
Relativité des normes	Relativity of norms	نسبة المعايير
Réminiscence	Reminiscence	هجس
Remémoration	Remomoration	تذكر
Renchérissement sémantique	Semantic escalation	تصعيد دلالي
Rendement fonctionnel	Functional output	مردود وظيفي
Renforcement	Reinforcement	تعزيز
Répétition	Repetition	اعادة
Repli	Fold	انعطاف

Réponse	Response	جواب
Réponse psychologique	Psychological response	استجابة نفسية
Représentant	Representative	ممثل
Représentation	Representation	تمثيل
Représentativité	Respresentativity	تمثيلية
Reproductibilité	Reproductivity	توليدية
Reproductible	Reproductive	متولد
Répulsion	Repulsion	منافرة
Réseau	Network	شبكة
Résonance	Resonance	رنين
Résonateur	Resonator	مدو
Respective (transformation)	Respective	تحويل على التوالي
Ressemblance	Resemblance	تشبه
Restrictif	Restrictive	حصري
Restiction du sens	Restriction of meaning	تخصيص المعنى
Résultante	Resultant	حصيلة
Rtention du son	Retention of sound	احتباس الصوت
Retenue de l'air	Restraint of air	حبس الهواء
Réticence	Reticence	اكتفاء
Rétraction	Retraction	استدراك
Rétrocation (= feed-back)	Feedback	استرجاع
Rétroflexe	Retroflex	التوائي
Rétrospectif	Retrospective	ارجاعي
Réunion	Reunion	اجتماع

Réversibilité	Reversibility	ارتداد
Réversible	Reversible	ارتدادي
Rewording (=reformulation)	Reformulation	ترديد
Rhétorique	Rhetoric	بلاغة
Rime	Rhyme	قافية
Roman	Roman	الرومنية
Roman	Novel	قصة
Romancier	Novelist	قصاص
Romanes (langues)	Roman	رومنية (لغات)
Romanesque	Novelistic	قصصي
Roumain	Romanian	الرومانية
Rupture	Rupture	انفصال
Ruse linguistique	Linguistic cunning	حيلة لغوية
Russe	Russian	الروسية
Rythme	Rhythm	ايقاع
Rythmique	Rhythmic	ايقاعي

S

Sagesse	Wisdom	حكمة
Sagesse éternelle	Eternal wisdom	حكمة ادبية
Sagesse suprême	Supreme wisdom	حكمة بالغة
Sagesse pratique	Practical wisdom	حكمة عملية
Sain	Healthy	صحيح
Saisie (n.)	Seizure	امساكة
Saisie-lexicale	Lexical seizure	امساكة لفظية
Samourien	Samurais	الساموية
Sanscrit (= sanskrit)	Sanskrit	السنسكريتية
Saturation (sty.)	Saturation	تشبع
Scandale (sty.)	Scandal	شناعة
Schéma	Scheme	نمط
Schéma	Diagram	رسم بياني
Schématisation	Schematization	تشكيل بياني
Schème (= pattern)	Pattern	منوال
Schème générateur	Generative pattern	قالب توليدي
Schème syntaxique	Syntactic pattern	قالب تركيبي
Schizophrénie	Schizophrenia	فصام
Science explicative	Explicative science	علم تفسيري
Sience normative	Normative science	علم معياري
Sientisme	Scientism	علمانية
Sientiste	Scientist	علماني
Scripteur	Scripture	خاط
Scriptural	Scriptural	كتابي
Secondaire	Secondary	ثانوي

Sécrétion	Secretion	افراز
Séducteur	Seductive	مغر
Segment	Segment	قطعة
Segmentdu discours	Segment of discourse	قطعة من الخطاب
Segment graphique	Segment of uniting	قطعة خطية
Segment minimal	Minimal segment	قطعة دنيا
Segment sonore	Vocal segment	قطعة صوتية
Segmental	Segmental	تقطيعي
Segmentation	Segmentation	تقطيع
Sélectif	Selective	انتقائي
Sélection	Selection	اختيار
Sélection naturelle	Natural selection	انتقاء طبيعي
Sémanalytique	Semanalytic	علامي دلالي
Sémantique (adj.)	Semantic	دلالي
Sémantique (n.)	Semantics	دلالية
Sémantisme	Semantism	مضمون دلالي
Sémasiologie	Semansiology	دالية
Sémasiologique	Semasiologic	دالي
Semblable	Similar	شبيه
Séméologie (=sémiologie)	Semiology	علامية
Semi-auxilaire	Semi auxilary	شبه وسيط
Seminal	Seminal	بذري
Sémiologique	Semiological	علامي
Sémioticiens	Semioticians	علاميون
Sémiotique (adj.)	Semiotic	سيميائي
Sémiotique (n.)	Semiotics	سيميائية
Sémitique	Semitism	السامية
Sémitique	Semitic	سامي

Semi-voyelle	Semivowel	نصف حركة
Sens	Sense	معنى
Sens commun	Common sense	معنى مشترك
Sens mécanique	Mechanical sense	معنى الي
Sensé	Sensible	محكم
Sensoriel	Sensorial	حسي
Sentiment linguistique	Linguistic sentiment	شعور لغوي
Sentimentalité	Sentimentality	وجدانية
Séparable (= isolable)	Separable	تفردي
Séparation	Separation	مفاصلة
Séquence	Sequence	وصلة
Séguentiel	Sequential	تسلسلي
Série	Series	سلسلة
Siamois	Siamese	السامية
Sifflant	Sibilant	صفيري
Sifflement	Whistling	تصفيري
Sigles	Siglas	فواتح
Sigmatisme (sty.)	Sigmatism	محاكاة صفيرية
Signal	Signal	اشارة
Signalétique	Descriptive	اشاري
Signalisation	Signalisation	تأشير
Signe	Sign	علامة
Signifiance	Significance	ادلال
Signifiant	Significant	دال
Significataire	Significatory	مدلول له
Significateur	Significator	مدل
Significatif	Significative	اعتباري
Signification	Signification	دلالة

Signifier	To signify	دل
Similitude	Smilitude	مشابهة
Simple	Simple	بسيط
Simplicité	Simplicity	بساطة
Simulation	Simulation	مخادعة
Simultané	Simultaneous	متواقت
Simultanée (traduction)	Simultaneous translation	فورية (ترجمة)
Simultanéité	Simultaneity	تواقت
Singulier	Singular	مفرد
Situation linguistique	Linguistic situation	وضع لغوي
Situationnel	Situational	ظرفي
Slave	Slav	السلافية
Slovaque	Slavonic	السلوفاكية
Sociabilité	Sociability	مؤانسة
Sociatif	So	مفعول المصاحبة
Sociolinguistique (adj.)	Sociolinguistic	لساني اجتماعي
Sociolinguistique (n.)	Sociolonguistics	لسانيات اجتماعية
Sociologie du langage	Sociology of language	اجتماعية اللغة
Soi-même	One-self	بذاته
Solécisme	Solecism	لحن
Solidarité	Solidarity	معاضدة
Sollicitation	Solicitation	استدراج
Sombre	Dull, dim	قاتم
Sommet	Summit	قمة
Son	Sound	صوت
Son idéal	Ideal sound	صوت مثالي
Sonagramme	Sonogram	رسم الصوت

Sonagraphe	Sonograph	راسم الصوت
Sonanté	Sonant	مصوت
Sonantisme	Sonority	صائتية
Senore	Sonorous	مجهور
Sonorisation	Sonorisation	تجهيز
Sonorité	Sonority	جهر
Sonorité du texte	Sonanty of the text	جرسية النص
Sotho	For	السوتية
Soudanais	Sudanese	السودانية
Soufflant (= fricatif)	Ficative	احتكاكي
Souffle	Breathing	نفس
Soupçon de voyelle	Shading the vowel	اشمام الحركة
Source	Source	مصدر
Sourd	Unvoiced, voiceless	مهموس
Sourd-muet	Deaf and dumb	اصم ابكم
Sourds-muets	Deaf and dumb	صم بكم
Sous-adresse	Subaddress	موطن فرعي
Sous-catégorie	Subcategory	صنف فرعي
Sous-catégorisation	Subcategorisation	تصنيف فرعي
Sous-code	Subcode	نمط فرعي
Sous-entendu	Stipulated, appointed	مقدر
Sous-famille	Subfamily	فصيلة قريبة
Sous-jacent	Unclaimed	مستتر
Sous-programme	Subprogramme	برنامج فرعي
Soutenu	Lofty	معضود
Soutenu (langue)	Lofty, dignified	منمقة (لغة)
Spatial	Spatial	مكاني
Spatio-temporel	Spatio-temporal	مكاني زمني

Spécificité	Specifity	نوعية
Spécifique	Specific	نوعي
Spectral	Spectral	طيفي
Spectre	Spectrum, specter	طيف
Spectre acoustique	Acoustic spectrum	طيف سمعي
Spectrogramme	Spectrogram	رسم الطيف
Spectrographe	Speitography	راسم الطيف
Spectromètre	Spectrometer	مقياس الطيف
Spéculatif	Speculative	تخميني
Spirante (consonne)	Spirant (word)	انسيابي (حرف)
Spiritualité	Spirituality	روحانية
Spirituel	Spiritual	روحاني
Standard	Standard	عيار
Statique	Static	سكوني
Statisme	Statism	سكوني
Statistique (adj.)	Statistical	احصائي
Statistique (n.)	Statistics	احصائية
Statut	Rule, regulation	قوام
Stéréotype	Stereotype	قالب مسكوك
Stéréotypé	Stereotyped	مقولب
Stéréotypé	Stereotype	مسكوكة
Stimuli	Stimuli	منبهات
Stimulus	Stimulus	منبه
Strate	Stratum, layer	منضدة
Stratification	Stratification	تنضيد
Stratificationnaliste	Stratificationalist	منضد
Stratificationnel	Stratificational	تنضيدي
Stress	Stress	وقع

Strident	Strident	صريري
Stroboscope	Stroboscope	مقياس ذبذبي
Structural	Structural	بنيوي
Structuralisme	Structuralism	بنيوية
Structuralisme dynamique	Dynamic structuralism	بنيوية حركية
Structuralisme formel	Formal structuralism	بنيوية شكلية
Structuralisme mécanique	Mechanical structuralism	بنيوية الانية
Structuralisme statique	Dynamic structuralism	بنيوية سكونية
Structuraliste	Stracturalist	ينيوي
Structuraliste	Structuralisity	تبنين
Structuration (n.a.)	Structuration	بنينة
Structuration (sub)	Structuration	انشاء
Structure	Structure	بنية
Structure catégorielle	Categorical structure	بنية مقولية
Structure intermédiaire	Intermediary structure	بنية واسطة
Structure linguistique	Linguistic structure	بنية لغوية
Structure mentale	Mental structure	بنية ذهنية
Structure syllabique	Syllabic structure	بنية مقطعية
Structurel	Structural	بنائي
Structures	Structures	بنى
Style	Style	اسلوب
Stylisation	Stylization	اسلبة
Stylistique (adj.)	Stylistic	اسلوبي
Stylistique (n.)	Stylistics	اسلوبية

Stylomètres	Style meters	بحور الاسلوب
Subjectif	Subjective	ذاتي
Subjectif (génitif)	Genitive	اضافة المصدر الى فاعله
Subjectivite	Subjectivity	ذاتية
Subjanctif	Subjunctive	مضارع الطلب
Subjanctif	Subjunctive	صيغة الاقتضاء
Sublime	Sublime, lafty	جليل
Sublimation	Sublimation	اجلال
Subordination	Subordination	تعليق
Subordonnant	subordinating	عالق
Subosdonné	Subordinate	متعلق
Subséquent	Subsequent	تعاقبي
Substance	Substance	جوهر
Substance pensante	Thinking substance	جوهر مفكر
Substantif	Substantive	اسم موضوع
Substantivé	Substantivity	ممحض للاسمية
Substituabilité	Substitubility	استبدال
Substitut	Substitute	بديل
Substitutif	Substitutive	استبدالي
Substitution	Substitution	احلال
Substrat	Substratum	بنية سفلى
Subtile	Subtle	لطيف
Subtilités du langage	Language subtleties	لطائف اللغة
Subversion (sty.)	Subversion	اطاحة
Successif	Successive	متعاقب
Successivité	Succession	تعاقب

Suédois	Swedish	السويدية
Suffixe	Suffix	لاحقة
Suffixes dérivationnels	Derivational suffices	لواحق الاشتقاق
Suffixes flexionnels	Flexional suffixes	لواحق اعرابية
Suggestif	Suggestive	ايعازي
Suggestion	Suggestion	ايعاز
Suite	Continuation	توال
Sujet	subject	موضوع
Sujet du verbe	Subject of the verb	فاعل الفعل
Sujet parlant	Speaking subject	متكلم
Sumérien	Sumerian	سومرية
Superanalytique	Superanalytical	فوق التحليلي
Superficiel	Superficial	سطحي
Superlatif	Superlative	تفضيل
Superlatif absolu	Absolute superlative	تفضيل مطلق
Superlatif relatif (= élatif)	Relative superlative	تفضيل نسبي
Superlative (forme)	Superlative form	صيغة (افعل)
Superposition	Superposition	تراكب
Superstrat	Superstratum	بنية عليا
Superstructure	Superstructure	بنية فوقية
Supersynthèse	Supersynthesis	تاليف فوقي
Supersynthétique	Supersynthetic	فوق التاليفي
Supersystème	Supersystem	نظام اعلى
Suppléance	Acting as substitute	نيابة
Supplémentaire	Supplementary	اضافي
Supplétif	Suppletive	تكميلي
Support	Support	محور الكلام
Support	Central point	مرتكز

Supposé	Supposed	مفروض
Supposition	Supposition	افتراض
Supradental	Supradental	فوق اسنادي
Surcomposé	Double compound	مركب مضاعف
Surdi-mutité	Deaf and dumbness	صمم مبكم
Surdité	Deafness	صمم
Surdité verbale	Verbal deafness	صمم لفظي
Surface	Surface	سطح
Survivance (= archaïsme)	Archaism	عتيق
Suspense	Suspense	تشويق
Suspension	Suspension	تاجيل
Swahili	Swahili	السواحلية
Syllabaire	Syllabary	ابجدية مقطعية
Syllabation	Syllatation	تقسيم مقطعي
Syllabe	Syllable	مقطع
Syllabe accentuée	Accented syllable	مقطع منبر
Syllabe atone	Unstressed syllable	مقطع غير منبر
Syllabe brève	Short syllable	مقطع قصير
Syllabe fermée	Closed syllable	مقطع منغلق
Syllabe longue	Long syllable	مقطع طويل
Syllabe ouverte	Open syllable	مقطع منفتح
Syllabique	Syllabic	مقطعي
Syllepse	Syllepsis	مطابقة معنوية
Syllogisme	Syllogism	قياس منطقي
Syllogisme	Syllogism	مقياسية
Symbole	Symbol	رمز
Symbole complexe	Complex symbol	رمز مركب
Symbolisation des symboles	Symbols of symbols	رموز الرموز

Symbolisation	Symbolization	ترميز
Symbolisé	Symbolize	مرموز اليه
Symbolisme	Symbolism	رمزية
Symétrie	Symmetry	تناظر
Symétrique	Symmetrical	متناظر
Symptôme	Symptom	امارة
Synapsie	Synapsis	وحدة لفظية
Synchronie	Synchrony	انية
Synchronique	synchronic	اني
Syncopation	Syncopation	ترخيم وسطي
Syncope	Syncope	اسقاط
Syncrétisme	Syncretism	انطباق
Syndèse	Syndesis	توارد العطف
Synecdoque	Synecdoche	علاقة مجازية
Synérèse	Syneresis	توحيد مقطعي
Synesthésie	Synthesis	تجميع الاحاسيس
Synonyme	Synonym	مرادف
Synonymie	Synonymy	ترادف
Syntagmatique	Syntagmatic	نسقي
Syntagme	Syntagm	نسق
Syntagme adjectival (+ SA)	Adjectival syntagm	منظم وصفي (=م و)
Syntagme nominal (= SN)	Nominal syntagm	منظم اسمي (=م أ)
Syntagme verbal (= SV)	Verbal syntagm	منظم فعلي (م ف)
Syntaxe	Syntax	تركيب
Syntaxique	Syntactic	تركيبي
Synthèse	Synthesis	تاليف

Synthétique	Synthetic	تاليفي
Synthétiseur	To synthesize	مؤلف
Syriaque	Syrian	السيرانية
Systématique (adj.)	Systematic	نظامي
Systématisation	Systematization	انظام
Système	System	نظام
Système de référence	System of reference	نظام الاجالة
Système des signes	System of signs	نظام العلامات
Système fonctionnel	Functional system	نظام وظيفي
Système nerveux	Nervous system	جهاز عصبي

T

Tableau	Table	قائمة - جدول
Tabou	Taboo	محظور / الكلام المحرم
Tabous linguistique	Linguistic taboos	محظورات لغوية
Tacite	Tacit	مضمر
Tagmème	Tagmeme	وقعية
Tagmémique (adj.)	Tagmemic	موقعي / تكميمة
Tagmémique (n.)	Tagmemics	موقعية / تكميم
Tabitien	Tahitian	التاهيتية
Tamil (= tamoul)	Tamil	التامولية
Tatar	Tatar	التترية
Tautologie	Tautology	تحصيل حاصل
Taxème	Taxeme	مضاف
Taxèmes	Taxemes	مصانف
Taxionomie	Taxonomy	تصنيفية
Taxionomique	Taxonomic	تضيفي
Tchadien	Tchadiar	التشادية
Téléscopage	Telescoping	نحت لفظي
Temperament	Temperament	مزاج
Tempo	Tempo	سرعة النطق
Temps	Tense	زمن
Tendance	Tendency	نزعة
Tendu	Stiff	متوتر
Tension	Tension	توتر
Tenu	thin	رقيق
Terme	Term	مصطلح

Terme consacré	Accepted, recognized	مصطلح مكرسن
Terminatif	Terminative	انتهائي
Terminologie	Terminology	مصطلحية
Terminologique	Terminologic	مصطلحي
Tête	Head	راس
Tétraphtongue	Tetraphthony	حركة رباعية
Test	Test	رائز / اختبار
Tests	tests	روائز / اختبارات
Texte	Text	نص
Textologie	Toxtology	نصانية
Textologique	Textological	نصاني
Textualite	Textuality	نصية
Textuel	Textual	نصي
Thématique (adj.)	Thematic (adj.)	مضموني
Thématique (n.)	Thematics	مضمونية
Thème	Theme	مضمون
Théoricien	Theoretician	منظر
Théoricisme	Theorism	تنظيرية
Théorie	Theory	نظرية
Théorie de la connaissance	Theory of	نظرية المعرفة
Théorie de l'entendement	Theory of	نظرية الاداك
Théorie de l'information	Theory of	نظرية الاخبار
Théorique	Theoretical	نظري
Théorisation	Theorization	تنظير
Thérapeutique (adj.)	Therapeutic	علاجي

Thérapeutique (n.)	Therapy	علاج
Thèse	Thesis, proposition	قضية
Tibétain	Tibetan	التبتية
Tilde	Tilde	علامة الغنة
Timbre	Bell	جرس
Timbres vocaliques	Sonor ons vocalics	اجراس الحركات
Tiret	Hyphen	مطة
Tmèse	Tmesis	فصل المتضامين
Ton	Tone	نغم
Ton brisé	Broken tone	نغم منكسر
Ton descendant	Falling tone	نغم منخفض
Ton montant	Rising tone	نغم مرتفع
Ton uni	United tone	نغم متحد
Tonal	Tonal	انغامي
Tonalité	Tonality	نغمة
Tonique	Tonic	تنغيمي
Topicalisation	Topicalisation	مداري
Topique	Commonplace	مدار
Topologie	Topology	صنافة
Topologique	Topologic	صنافي
Toponymie (=toponomastique)	Toponymy	مواقعية
Toponymique	Toponymic	مواقعي
Toscan	Tuscany	التسكانية
Total	Total, entire	جامع
Trachée	Trachea	مزمار
Tranchée-artère	Wind pipe	قصبة الرئة
Traduire	Translate	ترجم

Traduction	Translation	ترجمة
Traduction automatique	Automatic translation	ترجمة الية
Trait	Trait/feature	سمة
Trait distinctif	Distinctive feature	سمة تمييزية
Trait pertinent	Pertinent feature	سمة مفيدة
Trait spécifique	Specific feature	سمة نوعية
Transcendance	Transcendence	تسام
Transcendant	Transcendent	متسام
Transcripteur	Transcriptor	راسم
Transcription	Transcription	كتابة صوتية
Transfert	Transfer	احالة
Transformation (na.)	Transformation	تحويل
Transformation (sub.)	Transformation	يحول
Transformation affixale	Affixes transformation	تحويل الزوائد
Transformation d'affixe	Affix transformation	تحويل الزائدة
Transformation passive	Passive transformation	تحويل سلبي
Transformationnel	Transformational	تحويلي
Transformationniste	Transformationist	احالي
Transgression (sty.)	Transgression	خرق
Transitif	Transitive	متعد
Transition	Transition	انتقال
Transitivité	Transitivity	تعدية

Transitoire	Transitional	انتقالي
Translatif (adj.)	Translative	صيروري
Translation	Translation	عبور
Translitteration	Transliteration	استنساخ
Transmetteur	Transmitting	ناقل
Transmission	Transmission	ارسال
Transparence du discours	Transparency of discourse	شفافية الخطاب
Transposition	Transposition	مناقلة
Trésor	Treasure	كنز
Triade phonétique	Phonetic triad	ثالوث صوتي
Triangulaire	Triangular	ثلاثي
Triphtongue	Tripthong	حركة مثلثة
Trivial	Trivial, vulgar	بذئ
Trope	Trope	صورة مجازية
Turc	Turkish	التركية
Turcoman	Turkmen	التركمانية
Type	Type	نموذج
Typique	Typical	نموذجي
Typologie	Typology	نماذجية
Typologique	Typological	نماذجي

U

Ultra-bref	Ultra-brief	قصير للغاية
Ultra-long	Ultra long	طويل للغاية
Umlaut (= inflexion)	Umlaut	امالة
Unidimensionnalité	Unidimensionality	احادية البعد
Unidimensionnel	Unidimensional	احادي البعد
Unification	Unification	توحد
Unilatéral	Unilateral	احادي المنحى
Unilingue	Unilingual	وحيد اللسان
Union	Union	اتحاد
Unitaire	Unitarian	توحيدي
Unité	Unit	وحدة
Unité du discours	Unity of discourse	وحدة القول
Unité maximale	Maximum unity	وحدة عليا
Unité minimale	Minimal unity	وحدة دنيا
Unité de discours	Unity of discourse	عمومية القول
Unité fonctionnelle	Functional unity	وحدة وظيفية
Univalence	Univalence/univalency	فردية الدلالة
Univalent	Univalent	فريد الدلالة
Univers	Universe	كون
Universalité	Universality	كونية
Universaux	Universals	كليات
Universel	Universal	كوني
Urgence	Urgency	استعجال
Urgent	Urgent	عاجل
Usage	Usage	استعمال

Usage courant	Current usage	استعمال سائر
Usage habituel	Habitual usage	استعمال مالوف
Usage moyen	Middle usage	استعمال وسط
Usage naïf	Simple usage	استعمال ساذج
Usage normal	Normal usage	استعمال عادي
Usage ordinaire	Ordinary usage	استعمال دارج
Utile	Useful	نافع
Utilitaire	Utilitarian	نفعي
Utilité	Utility	نفع
Uvulaire	Uvular	طبقي / الهوية

V

Vague (adj.)	Vagueness	غامض
Vague (n.)	Wave	موجة
Valence	Valence	استخدام
Valence 1	Valence 1	استخدام 1
Valence 2	Valence 2	استخدام 2
Valence 3	Valence 3	استخدام 3
Valeur	Value	قيمة
Valorisation	Voluation	تقويم
Variable	Variable	متغير
Variante	Variant	بديل- تنوع
Variante combinatoire	Variant combination	بديل تعاملي-تنوع
Variante conditionnée	Conditional variant	بديل مقيد
Variante contextuelle	Contextual variant	بديل سياقي
Variante dialectale	Dialectal variant	بديل نهجي
Variante individuelle	Individual variant	لثغة
Variante libre	Free variant	بديل مطلق
Variantes d'usage	Varieties of usage	وجوه استعمال
Variation (n.a.)	Variation	تنويع
Variation (sub.)	Variation	تنوع
Variété	Variety	بديل مرتبط
Vecteur	Vector	وجهة

Vectoriel	Vectorial	اتجاهي
Vedette (mot)	To be in the forefront	قاطب (لفظ)
Véhiculaire	Vehicular	ناقل
Vélaire	Velar	لهوي
Vélarisation	Valorization	اطباق
Vétarisé	Relarised	مطبق
Vélours	Corduroy	وصل زائد
Ventriloquie	Ventriloguy	نطق جوفي
Verbal	Verbal	فعلي
Verbal	Verbal	لفظي
Verbalisation	Verbalization	تلفيظ - فعلية
Verbalisation parallèle	Parallel verbalization	فعلية متلازمة
Verbe	Verb	فعل
Verbe auxiliaire	Auxiliary verb	فعل مساعد
Verbe copulatif	Copula	فعل رباطي
Verbe débile	Weak verb	فعل معتل
Verbe irrégulier	Irregular verb	فعل شاذ
Verbe régulier	Regular verb	فعل قياسي
Verbigération	Verbiage	لغط
Verbomanie (= logorrhée)	Nonsense	هذر
Vérification	Verification	تثبت
Vérité	Verity	حقيقة
Vertical	Vertical	عمودي
Versification	Versification	نظم
Version	Version	نقل
Versus	Versus	مقابل

Vibrant (e)	Vibrant	تكريري
Vibration	Vibration	نزيز
Vibration	Vibration	ذبذبة
Vibratoire	Vibratory	اهتزازي
Vibrer	To vibrate	نز
Vicariant	Substituted	عوضي
Vide	Empty	خاو
Vide résonnateur	Empty resonator	فراغ رنان
Vieux (= vieilli)	Worn out	مهجور
Viol	Violation	انتهاك
Violation des normes	Violation of norms	خرق المعايير
Virgule	Comma, semi colon	فاصلة
Virtualité	Virtuality	كمون
Virtuel	Virtual	كامل
Vision	Vision	رؤية
Visuel	Visual	بصري
Vitesse	Speed	سرعة
Vocabulaire	Vocabulary	جرد اصطلاحي – مفردات
Vocabulaire auxiliaire	Auxiliary (subsidiary vocabulary)	مفردات مساعدة
Vocabulaire (=lexique)	Vocabulary	رصيد / مفردات معجمية
Vocal	Vocal	صوتي
Vocalique	Vocalic	حركي
Vocalisation	Vocalization	تحريك
Vocalisme	Vocalism	نظام الحركات
Vocatif	Vocative case	منادى

Vocoïd	Voiced	صائت
Voisé	Voicing	مجهور
Voisement	Voicement	تجهير
Voix	Voice	صوت
Voix	Voice	صيغة الفعل
Voix passive	Passive voice	مبني للمجهول
Volitif	Vocative	ارادي
Vouloir-paraître	Showing oneself	تضاهر
Voyelle	Showing oneself	حركة / الصائت
Voyelle antérieure	Vowel	حركة امامية
Voyelle arrondie	Round vowel	حركة مستديرة
Voyelle brève	Short vowel	حركة قصيرة
Voyelle cardinale	Cardinal	حركة سلمية
Voyelle centrale	Central vowel	حركة مركزية
Voyelle d'arrière	Back vowel	حركة خلفية
Voyelle d'avant	Front vowel	حركة امامية
Voyelle de disjonction	Vowel of disjunction	حركة فاصلة
Voyelle de liaison	Vowel of liaison	حركة الوصل
Voyelle demi-fermée	Half closed vowel	حركة نصف متعلقة
Vayelle demi-ouverte	Half-open vowel	حركة نصف متفتحة
Voyelle étirée	Stretched vowel	حركة منفرجة
Voyelle fermée	Close vowel	حركة منغلقة
Voyelle furtive	Glide	حركة مختلسة
Voyelle langue	Long vowel	حركة طويلة
Voyelle médiane	Medium vowel	حركة وسطية

Voyelle ouverte	Open vowel	حركة منفتحة
Voyelle pastérieure	Posterior vowel	حركة خلفية
Voyelle prothétique	Prosthetic vowel	حركة الوصل البدئي
Voyelle simple	Simple vowel	حركة بسيطة
Voyelle ultra-brève	Very short vowel	حركة قصيرة للغاية
Voyelle ultra-longue	Very long vowel	حركة طويلة للغاية
Vulgaire	Vulgar	سوقي / العامي

Y

Yodisation	Yodization	تليين يائي
Yhougoslave	Yugoslav	اليوغسلافية

انجـليزي (فرنسي - عربي)

Anglais	Français	Arabe
A		
A priori	A priori	
A priorism	A priorisme	ماقبلية
A word roughly standing for another	A-peu-prés	جناس ناقص
Abaxial	Abkhaz	الأبخزية/ بعيد عن المركز
Abbreviation	Abréwation	اختصار
Abduction	Abduction	ارتخاء/ إبعاد عن المركز الأصلي
Abessive	Abessif	مقاربة
Ablative	Ablatif	مفعول عنه
Ablaut	Ablaut (= alternance)	تناوب
Abridge, abridge (adj.)	Abrégé	مقتضب/ مختصر
Abridgement (n.)	Abrégement	اقتضاب/ اختصار
Abrupt	Abruption	التفات
Absolute	Absolu	مطلق
Absolute	Absolument	مطلقاً
Absolute superlative	Superlatif absolu	تفضيل مطلق
Absorption	Absorption	استغراق
Abstract	Abstrait	مجرد
Abstraction	Abstraction	تجريد
Abstraction reflective	Abstraction réfléchissante	تجريد عاكس
Abstractive	Abstractif	تجريدي
Absurd (adj.)	Absurde	عبثي/ مناف للعقل

Absurolity (n.)	Absurdité	عبثية
Abuse	Abus	تجاوز/ إساءة استعمال
Abuse lexicographic (adj.)	Abus lexicographique	تجاوز قاموسي
Abuse lexicography (n.)	Acalculie	فقدان الترقيم
Accent	Accent	نَبر/ اللكنة
Accented syllable	Syllabe accentuée	مقطع منبر
Accentual	Accentuel	نبري
Accentual opposition	Opposition accentuelle	تقابل نبري
Accentuate		
Accentuation	Accentaigu	نبر القصر
Accentuation	Accentuation	تنبير
Acceptability	Acceptabilité	مقبولية/ قبولية
Acceptable	Acceptable	مقبول
Accepted, recognized	Terme consacré	مصطلح مكرسن
Acception	Acception	مقصود/ معنى
Accessibility	Accessibilité	منالية/ سهول المنال
Accessible	Accessible	منيل
Accessories	Accessoires	روادف
Accessory	Accessoire	رديف
Accident	Accident	عَارضٌ
Accidental	Accidentel	عرضي
Accidental properties	Propiétés accidentelles	خصائص عرضية
Accolade	Accolades	مزدوجة

Accommodation	Accomodation	تماثل
Acculturation	Accompli acculturation	مُثاقفة
Accumulation	Accumulation	تراكمٌ
Accusative	Accusatif	مفعولية
Accusative/ absolute object cognate object	Accusatif interne	مفعول مطلق
Acme/ climax	Acmé	أوج
Acoustic	Acoustique (adj.)	سمعي
Acoustic atom	Atome acoustique	ذرة سمعية
Acoustic of vocal	Acoustico-vocal	سمعي نطقي
Acoustic phonetics	Phonétique acoustique	صوتيات سمعية
Acoustic physiology	Acoustico-physiologique	صوتية فيزيولوجية
Acoustic rubbing	Frottement acoustique	حفيف سمعي
Acoustic spectrum	Spectre acoustique	طيف سمعي
Acoustics	Acoustique (n.)	سمعيات
Acquired	Acquis	مكتسب
Acquisition	Acquisition	اكتساب
Acquisition (test of)	Acquisition (testd'-)	رائز الاكتساب
Acquisition of language	Acquisition du langage	اكتساب اللغة
Acrostic	Acrostiche	تطريز
Act of verb	Action du verbe	عمل الفعل
Act, action	Acte	حدث

Actant	Actant	مُفاعل
Acting as substitute	Suppléance	نيابة
Action	Action	عمل
Active	Actif	حدثي
Active (form)	Active (forme)	صيغة الفاعلية
Active (power)	Active (puissance)	فاعلة (قوة)
Active (voice)	Active (voix)	مبني للمعلوم
Activity	Activité	نشاط
Actual	Actuel	حاصل
Actualization	Actualisation	تحقيق
Actualized	Actualisé	متحقق
Acute	Aigu	حاد
Acute	Aigu (accent)	نبر القصر
Acuteness	Acuité	حدة
Ad hoc	Ad hoc (régle)	موائمة (قاعدة)
Adaptation of structures	Adaptation des structures	تطويع البُنى
Adduction	Adduction	قلوص/ تقريب نحو المحور
Adequacy	Adéquation	ملاءمة
Adequacy/ adequatenee	Adéquation	استيفاء
Adequate (discourse)	Adéquate (discours)	ملائم (خطاب)
Adequate (grammar)	Adequate (grammaire)	استيفائي (نحو)
Adjectival	Adjectival	نعتي
Adjectival	Adjectivé	متمحض للنعت
Adjectival syntagm	Syntagme adjectival (+ SA)	منظم وصفي (=م و)

Adjectivation	Adjectivation	اشتقاق النعت
Adjective	Adjectif	صفة
Adjectivisation	Adjectivisation	اشتقاق النعتية
Adjoining, adjacent	Adjacent	متاخِم
Adjunction	Adjoint	مساعد
Adjunction	Adjonction	إرداف
Adjunction of	Adjoints de syntagmes	مساعدات المناظِم
Adjunctions of words	Adjoints de mots	مساعدات الألفاظ
Adjunctive	Adjonctif	عاطف
Adjuvant	Adjuvant	مُعين/ مساعد
Adnominal	Adnominal	تابع الأسم
Adnominal (verb)	Adnominal (verbe)	مسند إلى الأسم
Adverb	Adverbe	ظرف
Adverb of doubt	Adverbe de doute	ظرف الاحتمال
Adverb of manner	Adverbe de maniére	ظرف الحال
Adverb of number	Adverbe de quantité	ظرف العدد
Adverb of place	Adverbe de lieu	ظرف المكان
Adverb of time	Adverbe de temps	ظرف الزمان
Adverbial	Adverbial	ظرفي
Adverbial (function)	Adverbial (function)	وظيفة الظرف
Adverbial (use)	Adverbial (emploi)	سياق الظرف
Adverbial adjective	Aadjectif adverbial	نعت حالي
Adversative	Adversatif (adj.)	استدراكي
Adversative	Adversatif (n.)	استدراك
Aerodynamics	Aérodynamique	هوائي حركي
Affective	Affectif	وجداني

Affinity	Affinité	تقارب
Affirmation	Affirmation	إثبات
Affirmative	Affirmatif	إثباتي
Affirmative (sentence)	Affirmative (phrase)	جملة مثبتة
Affix	Affixation	زيادة/ إضافة
Affix	Affixe	زائدة
Affix transformation	Transformation d'affixe	تحويل الزائدة
Affixes transformation	Transformation affixale	تحويل الزوائد
Affrication	Affrication	بين الشدة والرخاوة
Afghani	Afghan	الأفغانية
Agenitive	Agentif	عوني
Agent	Agent	عون
Agent of complement	Complément d'agent	تميم العون
Agglomerate	Agglomérat	إندماجي
Agglomerated language	Langue agglamérante	لغة اندماجية
Agglutination	Aggultination	التصاق
Agglutinative	Aggultinant	التصاقي
Agglutinative language	Langue agglutinante	لغة التصاقية
Agnostic	Agnosique	عَمِهٌ
Agreement, concordance	Accord	تساوقٌ/ مطابقة
Air impulse	Impulsion de l'air	دفع الهواء

Akkadian	Akkadian	الأكادية
Albanian	Albanais	الألبانية
Alevolus	Alvéoles	اللثة
Alexandrine	Alexandrins	نحاة الإسكندرية
Alexia	Alexie	عمىً قِرائي
Algorithm	Algorithme	خارزمية
Algorithmic	Algorithmique (linguistique)	خارزمية (لسانيات)
Alienable, transferable	Aliénable (possession)	عرضية (ملكية)
All, event	Fait (= acte)	حدث
Allegory	Allégorie	مجاز صوري
Alliteration	Allitération	جناس استهلالي
Allograph	Allographe	رَوسمٌ (متغير حرفي)
Allomorph	Allomorphe	شكلمٌ (متغير شكلي(
Allophone	Allophone	صوتمٌ تعاملي/ تنوع صوت مميز
Allusion	Allusion	تلميح
Alphabet	Alphabet	أبجدية
Alphabetic	Alphabétique (écriture)	هجائية (كتابة(
Altaic	Altaïque	الألتائية
Alteration	Altération	تحريف
Alternating	Alternant	مُناوب
Alternation	Alternance	تناوبٌ
Alternative	Alternatif	مُتناوب
Alternative	Alternatives	خِيارات
Alternative rule	Règle alternante	قاعدة مناوبة
Altraction	Amorce (= stimulus)	منبه

Alveolar	Alvéolaire	لثوي/ لثوية
Alveo-palatal	Alvéopalatale	لثوي حنكي
Amalgam	Amalgame	مزيج (كلمة منحوتة)
Amalgamated	Amalgamant	مُمازج
Amalgamated language	Langue amalgamante	لغة اشتقاقية
Ambiguity	Ambiguité	لبس
Ambiguous	Ambigue	متلابس
Ambivalence	Ambivalence	تعاظلٌ
Ambivalent	Ambivalent	متعاظل (متضاد)
Amelioration	Amélioration	تحسين
American	Américain	الأمريكية
Amharic	Amharie (= Amharique)	الأمهرية
Amnesia	Aménsie	تلعثمٌ
Amorphous	Amorphe (style)	غير متبلور (أسلوب)
Amphibological	Amphibologique	إبهامي
Amphibology	Amphibologie	إبهام
Amplification	Amplification	تضخيم
Amplificatory	Amplificatif	تضخيمي
Amplitude	Amplitude	سَعةٌ
Anachronism	Anachronisme	مفارقة تاريخية
Anacoluthon	Anacoluthe (sty.)	التفات
Anaculuthon	Anacoluthe (synt.)	انفصام
Anagram	Anagramme	قلب ترتيبي
Analogical	Analogique	قياسي
Analogical creation	Création analogique	صوغ قياسي
Analogist	Analogistes	قياسيون

Analogous	Analogues (langues)	نظامية (لغات)
Analogous language	Langue analogous	لغة نظامية
Analogy	Analogie	قياس
Analysability	Analysabilité	تحليلة
Analysis	Analyse	تحليل
Analytic	Analytique	تحليلي
Analytic language	Langue analytique	لغة تحليلية
Analytical extension	Extension analytique	امتداد تحليلي
Analytical logic	Logique analytique	منطق تحليلي
Anaphora	Anaphore (gram.)	ترداد توكيدي
Anaphora	Anaphore (sty.)	معاودة
Anaphoric (pronoun)	Anaphorique (pronom.)	ضمير المعاودة
Anaptyctic (phoneme)	Anaptyctique (phonème)	إقحامي (صوتمٌ)
Anatomical	Anatomique	تشريحي
Anatomized	Anatomisé	مشرح
Anatomy	Anatomie	تشريح
Ancient	Ancien	قديم
Ancient Arabic	Arabe ancien	عربية قديمة
Ancient Egyptian	Egyptien ancien	المصرية القديمة
Ancient language	Langue ancienne	لغة قديمة
Angle of the image	Angle de l'image	زاوية الصورة
Anglian	Anglien	الأنجلوية
Anglo-Saxon	Anglo-Saxon	الأنجلو سكسونية
Animate (nouns)	Animés (noms)	أسماء الأحياء
Annamese	Annamite	الأنامية
Annexation	Annexion	إتباع/ إضافة

Annotation	Anatolien	الأنانولية
Annulment, cancellation	Annulation	حذف
Anomalism	Anomalisme	مذهب السماع
Anomalist	Anomalistes	سماعيون
Anomalous, irregular	Anomal	شاذّ
Anomaly	Anomalie	شذوذ
Antecedence	Antécéden	مقدم
Antecedent	Antécédent	موصول به
Antepenultimate, last but two	Antépénultiéme	المقطع السابق لما قبل الأخير
Anterior	Antérieur	أمامي
Anthropology	Anthropologie	أناسية
Anticipant	Anticipant	مستبق
Anticipation	Anticipation	استباق
Antilogy	Antilogie	انتفاض
Antinomy	Antinomie	تضاربٌ
Antiphrasis, irony	Antiphrase	قلب المعنى
Antithesis	Antithése	نقيضة
Antonoymy	Autonymie	ذاتية الدلالة
Antonym	Antonyme	ضد
Aorist	Aoriste (n.)	فعل مطلق
Aperture	Aperture	أنفتاح/ فتح
Apex	Apex	أسلة اللسان
Aphasia	Aphasie	حُبسة
Aphasia of expression	Aphasie d'expression	حبسة التعبير

Aphasic	Aphasique (n.)	حبيس
Aphasis	Aphérsése	ترخيم مطلعي
Apical	Apical	ذولقي-أسلية
Apocope	Apocope	بتر
Apodosis	Apodose	جواب الشرط
Aposiopesis	Aposiopése (= réticence)	اكتفاء
Aposteriori	Aposteriori	مابعديّ
Aposteriorism	Aposteriorisme	مابعدية
Apostrophe	Apostrophe	فاصلة حرفية
Apostrophe	Apostrophe	نداء/مناجاة
Apostrophe	Apostrophe (misen)	منادى
Apparent	Apparenté	نسيب
Appeal	Pouvoir (n.)	اقتدار
Appelleative	Appellatif	أداة النداء
Appelleative (function)	Appellatif (fonction)	ندائية (وظيفة)
Appetance, appetancy	Appétenc	مهجة
Application	Application	تطبيق
Applied	Appliqué	تطبيقي
Applied linguistics	Linguistique appliquée	لسانيات تطبيقية
Apposition	Apposition	بدلية
Apposition	Apposition (misen)	بدل
Appositive	Appostif	بدليّ
Appreciative	Appréciatif	تقييمي
Apprenticeship	Apprentissage (n.a.)	تدريب

Approach	Approache	معالجة/ مقاربة
Appurtenance	Appartenance	أنتماء
Apraxia	Apraxie	عِطال
Aptitude	Aptitude	استعداد
Arabic	Arabe	العربية
Arabisation	Arabisation	تعريب
Aramaic	Araméen	الآرامية
Arbitrariness	Arbitraire (n.)	اعتباط
Arbitrary	Arbitraire (adj.)	إعتباطي
Arcadian	Arcadien	الأركدية
Archaism	Archaïsme	عتيق
Archaism	Survivance (= archaïsme)	عتيق
Archetype	Archétype	نموذج أوق
Archisystrm	Archisystéme	مافوق النظام
Argot	Argot	أرغة/ - لغة إصلاحية
Argument	Argument	حجّة
Argumentation	Argumentation	محاجّة
Arising accent	Accent ascendant	نغمة صاعدة
Armenian	Arménien	الأرمنية
Arrangement	Arrangements	تنظيمات
Article	Article	مخصّص (أداة)
Articulation	Articulation (n.a.)	تقطيع/ التفصح - درج الكلام
Articulatomy family	Famille articulataire	فصيلة مقطعية
Articulator	Articulateur (orange)	ناطق (عضو)
Articulatory	Articulatoire	نطقي
Articulatory act	Acte articulatoire	فعل نطقي

Articulatory base	Base (articulatoire)	أساس نطقي
Articulatory phonetics	Phonétique articulatoire	صوتيات نطقية
Artifact	Artefact	مصادرة دورية
Artificial	Artificiel	اصطناعي
Artificial (language)	Artificielles (langues)	اصطناعية (لغات)
Artificial language	Langue artificielle	لغة اصطناعية
Artificial palate	Palais artificiel	حنك اصطناعي
Ascendant	Ascendant	متعالٍ
Ascendant gradation	Gradation ascendante	تدرج تصاعدي
Asemantism	Asémantisme	لا دلالية
Aspect	Aspect	مظهر
Aspectual	Aspectuel	مظهري
Aspirated	Aspiré	هائي
Aspiration	Aspiration	هائية
Assemblage	Assemblage	تجميع
Assertion	Assertion	تأكيد مُضمَر
Assertive	Assertif	تأكيدي
Assertive (phrase)	Assertive (phrase)	تقريرية (جملة)
Assertive conjunctive	Conjonction assertive	رابط تأكيدي
Assimilation	Assimilation	إدغام
Association	Association	تجميع
Associationism	Associationnisme	أنضمامية
Associative	Associatif	تجميعي
Assonance	Assonance	تجانس حركي

Assyrian	Acheén	الآشورية
Assyrian	Assyrian	الآشورية
Asterisk	Astérisque	نجمْ
Athenian	Attique	الأثينية
Atomic	Atomique	ذرّي
Atomic language	Langue atomique	لغة ثابتة الجذور
Attention	Attention	انتباه
Attitude	Attitude	هيئة/ اتجاه
Attraction	Attraction	اجتذاب
Attractive	Attractif	اجتذابي
Attribute adjective	Attribut	صفة الحال
Attributive	Attribuitif	وصفّي حاليّ
Audibility	Audibilité	سموعية
Audio-active	Audio-actif	سمعي إسهامي
Audio-comparative	Audio-comparatif	سمعي تسجيلي
Audiogram	Audiogramme	مقياس السمع
Audiometer	Audiométre	مِسماع
Audiometer	Audiométrie	قياس السمّع
Audio-oral	Audio-oral	سمعي شفوي
Audio-passive	Audio-passif	سمعي تقبلي
Audiophone	Audiophone	سمّاع
Audio-visual	Audio-visuel	سمعي بصري
Audition	Audition	سمع
Auditor	Auditeur	مستمع
Auditory memory	Mémoire auditive	ذاكرة سمعية
Auditory nerve	Auditif (nerf)	سمّعي (عصب)
Augment	Augment	إلحاق
Augmentative	Augmentatif	تكبير

Australian	Australien	الأسترالية
Austrian	Autrichien	النمساوية
Authentic	Authentique (discours)	صادق (خطاب)
Authentic	Authentique (littérature)	مطبوع (أدب)
Authenticity of speech	Authenticité de la parole	صدق الكلام
Autism	Autisme	أجترارية
Autistic	Autistique	أجتراري
Automatic	Automatique	آليّ
Automatic translation	Traduction automatique	ترجمة الية
Automation	Automation	تألية
Automatism	Automatisme	آلية
Automatism	Automatismes	آليات
Automaton	Automate	كائن آليّ
Autonomous prefix	Préfixes autonomes	سوابق مستقلة
Autonomy	Autonome	مستقل
Autonomy	Autonomie	استقلال ذاتي
Auto-observation	Auto-observation	ملاحظة ذاتية
Auxiliary	Auxiliaire	وسيط
Auxiliary (subsidiary vocabulary)	Vocabulaire auxiliaire	مفردات مساعدة
Auxiliary language	Langue auxiliaire	لغة واسطة
Auxiliary verb	Verbe auxiliaire	فعل مساعد
Auxiliary verbs	Auxiliaires verbaux	وسائط فعلية

Avalent	Avalent	مُبهم الفاعل
Axiologic	Axiologique	قيميّ
Axiology	Axiologie	قيميّة
Axiom (n.)	Axiomatique (n.)	بدائهية
Axiom (n.)	Axiome	مسلَّمة
Axiomatic (adj.)	Axiomatique (adj.)	بدائهي

B

Babbling	Gazouillis	ثغثغة
Babel	Babil	غِيّ
Babylonian	Babylonien	البابلية
Back	Arrieré (adj.)	خَلفي
Back	Arriére (n.)	خَلف
Back vowel	Voyelle d'arrière	حركة خلفية
Back-metalingtuitic	Arriére-métalinguistique	خلفي انعكاسي
Balanced	Équilibre	توازن
Balkan	Balkanique	البلقانية
Baltic	Balte	البلطيقية
Bank of data	Banque de données	بنك المعطيات
Bank of words	Banque des mots	بنك الألفاظ
Bantu	Bantou (= Bantu)	البنطوية
Barbarism	Barbarisme	حُوشي
Barylonation	Barytonaison	تجهير الطرف
Barytone	Baryton	جهير الطرف
Base	Base	أساس
Base	Base (sty.)	وجه الشبه
Base form	Forme de base	صيغة مجردة
Base language	Langue de base	لغة اساسية
Bases of cuttings	Bases des incisives	أصول الثنايا
Basic sentence	Base (phrase de)	جملة أساسية
Basis	Fondement	أس
Basque	Basque	البسكيّة

Bearer, carrier	Porteur de sens	حامل المعنى
Beche-de-mer	Bech-la-mer (= Bichlamer)	البشلمّية
Before	Avant (n.)	أمام
Before	Avant (pré.)	قبل
Behaviour	Béhaviouréme	سَلكَمٌ
Behaviourism	Béhaviourisme (=béhaviorisme)	سلوكية
Behaviourist	Béhavioriste	سلوكي
Bell	Timbre	جرس
Beneficiary	Bénéficiaire	مستثمر
Bengali	Bengali	البنغالية
Berber	Berbére	البربرية
Bilabial	Bilabial	شفوي مزدوج
Bilateral	Bilatéral	ذو طرفين
Bilingualism	Bilinguisme	ازدواجية لغوية
Binarism	Binarisme	ضِعفية
Binary	Binaire	ضِعفي
Binary choice	Choix binaire	اختيار ثنائي
Binary rapport	Rapport binaire	علاقة ثنائية
Bingual	Bilinque	مزدوج
Biological	Biologique	بيولوجي
Borrowing	Emprunt	دخيل/إستعارة/افتراض
Borrowing	Emprunt	دخيل/إستعارة/افتراض
Box of Hocket	Boîte de Hokett	صندوق هوكات
Brazilian	Brésilien	البرازيلية
Breathing	Souffle	نفس
Brevity	Brévité (= briéveté)	قِصر

Brevity	Briéveté	قِصر
Briton	Brittonique	البريتونية
Broadening	Élargissement	توسيع
Broken tone	Ton brisé	نغم منكسر
Bruit	Bruit	ضجيج
Buccal	Buccal	فمي
Buccal cavity	Cavité buccuale	
Buccal-nasal	Bucco-nasal	فمّيّ أنفيّ
Bulgarian	Bulgare	البلغارية
Bundle	Faisceau	حزمة

C

Cacophony	Cacophonie	تناشز
Cadence	Cadence	نغمة ختامية
Cadencer	Cadencé	منغّم
Call, appeal	Appel	نداء
Calligrapher	Calligraphe	خطاط
Calligraphy	Calligraphie	تخطيط
Calque	Calquer	نسخ
Cambodian	Cambodgien	الكمبودية
Canaanite	Cananéen	الكنعانية
Canal	Canal	قناة
Canine	Canine	ناب
canonic (sentence)	Canonique (phrase)	قويمة
Canonical	Canonique	قواعدي
Capacity	Capacité	سعة
Cardinal	Voyelle cardinale	حركة سلمية
Cardinal (function)	Cardinale (function)	رئيسية (وظيفة)
Cardinal (vowel)	Cardinale (voyelle)	سلمية (حركة)
Cardinal number	Cardinal (nombre)	رئيسي (عدد)
Cardinal sound	Cardinal (son)	سلّمي (صون)
Case	Cas	حالة إعرابية
Case (languages)	Cas (languesل)	إعرابية (لغات)
Case grammar	Grammaire de cas	نحو اعرابي
Casting up ; setting aside	Rejet	نبذ
Categorical	Catégoriel	تبويبي

Categorical structure	Structure catégorielle	بنية مقولية
Causal	Causal	سببي
Causality	Causalité	سببية
Causative	Causalitif (= factitif)	تعدية
Cavity	Cavité	تجويف
Celtic	Celtique (= celte)	السّلتية
Central	Central	مركزيّ
Central point	Support	مرتكز
Central vowel	Voyelle centrale	حركة مركزية
Centralize	Centralisé	مركَز
Centre	Centre	مركز
Centre of gravity	Centre de gravité	مركز الثقل
Centrifuge	Centrifuge	نابذ
Centripetal	Centripéte	جابذ
Cerebral	Cacuminal	نطعي
Certitude	Certitude	يقين
Cesura/ caesura	Césure	فصْم
Chain	Chaîne	سلسلة
Chain of discourse	Chaîne de discours	سلسلة الخطاب
Chaldean	Chaldéen	الكلدانية
Change	Changement	تغيير
Character	Caractére	طابع
Characterisation	Caractérisation	تشخيص
Characterise	Caractérisé	مطبوع
Characteristic	Caractéristique	خصوصي
Characteristic property	Propriété caractérisique	خاصية مميزة

Charade	Charade	أحجية لغوية
Chevron	Chevron	شارة
Chiasma	Chiasme	تناظر عكسي
Chinese	Chinois	الصينية
Chinook	Chinook	الشنكوّية
Choice	Choix	انتقاء
Chromatic	Chromatique (accent)	تلويني (نبر)
Chute	Chute	سقوط
Circassian	Circassien	الشركسّية
Circuit	Circuit	دورة
Circular	Circulaire (définition)	دائري (تحديد)
Circular interaction	Intéraction circulaire	تفاعل دائري
Circularity	Circularité	دائرية
Circumflex accent	Accent circonflexe	نبر العرض
Civilization	Civilisation	حضارة
Class	Classe	باب/ نوع
Classes of equivalence	Classes d'équivalence	أبواب التكافؤ
Classes of localisation	Classes de localisation	أبواب المواضع
Classic	Classique	عتيق
Classical Arabic	Arabe classique	عربية فصحى
Classical language	Langue classique	لغة عتيقة
Classification	Classement	تقسيم
Classification	Classification	تبويب

Cleanness, neatness	Netteté	نقاء
Clear	Clair	متضح
Cliché	Cliché	مسكوك
Clichés	Clichés	مسكوكات
Click	Clic (= click)	طقطقة
Close vowel	Voyelle fermée	حركة منغلقة
Closed list	Listefermée	قائمة مغلقة
Closed phoneme	Phonème fermant	صوتم عالق
Closed syllable	Syllabe fermée	مقطع منغلق
Cluster	Cluster (= agglomoérat)	تكتّل
Coalescence	Coalescence	مزج صوتيّ
Coarticulation	Co-artirulation	تقطيع مصاحب
Code	Code	نمط
Coefficient	Coefficient	مُعامِل
Coexistence	Coexistance	تواجدٌ
Cognition	Cognition	تفهمٌ
Coherence	Cohérence	تناسقٌ
Coherent	Cohérent	متناسق
Cohesion force	Force de cohésion	اعتماد
Collective	Collectif (adj.)	جمعيّ
Collective consciousness	Consience collective	وعي جماعيّ
Collective noun	Collectif (n.)	إسم جمع
Collocation	Collocation	تضامّ
Colon	Deux-points	نقطتان
Coloration	Coloration	إدغام تلوينيّ
Colour	Couleur	لون

Combinability	Combinabilité	تعاملية
Combination	Combinaison	تقليب
Combinatory	Combinatoire	تعامليّ
Cominatory phonetics	Phonétique combinatoire	صوتيات تعاملية
Comma, semi colon	Virgule	فاصلة
Commentary	Commentaire	تعقيب
Common	Commun	مشترك
Common	Populaire (usage)	شعبي (استعمال)
Common language	Langue commune	لغة مشتركة
Common expression	Expression commune	تعبير شائع
Common noun	Nom commun	اسم نكرة
Common sense	Sens commun	معنى مشترك
Commonplace	Topique	مدار
Communicable	Communicabilité	إيصالية
Communication	Communication (n.a.)	إبلاغ
Communication	Communication (sub.)	تواصل
Communicative	Communicatif	اتصاليّ
Communion	Communion phatique	اتصالي انتباهيّ
Commutable	Commutable	تعاوضيّ
Commutation	Commutation	تعاوض
Commutation	Permutation (= commutation)	تعاوض
Commutative	Comutativité	تبادلية

Compact	Compact	سميك/ كثيف
Comparatism	Comparatisme	قِرانية
Comparative	Comparartif (adj.)	تشبيهيّ
Comparative	Comparé (= teneur)	مشبه
Comparative	Comparée (grammaire)	مقارن (نحو)
Comparative adjective	Adjectif comparatif	أفعل التفضيل
Comparative adverb	Adverbe decomparaison	ظرف الأقتران
Comparative linguistics	Linguistique comparée	لسانيات مقارنة
Comparative literature	Littérature comparée	ادب مقارن
Comparative method	Méthode comparative	منهج مقارن
Comparative philology	Philologie comparative	فقه اللغة المقارن
Comparison	Comparaison	تشبيه
Compatibility	Compatibilité	تواؤم
Compatible	Compatible	متوائم
Compensation	Compensation	تعويض
Compensatory	Compensatoire	تعويضي
Compensatory lengthening	Allongement compensatoire	مدّ تعويضي
Competence	Compétence	قدرة
Complement	Complément	تميم
Complement of cause	Complément de cause	تميم السّبب

Complement of instrument	Complément d'instrument	تميم الآلة
Complement of manner	Complément de maniére	تميم الحال
Complement of name	Complément de nom	تميم الإسم
Complementarity	Complémentarité	تكامل
Complementary	Complémentaire	تكامليّ
Complementary rapport	Rapport de complémentarité	علاقة تكامل
Completed	Accompli	مُنجز
Completive	Complétive	متَممة
Completive sentence	Phrase complétive	جملة متممة
Completivization	Complétivisation	تتميم
Complex	Complexe	مركّب
Complex sentence	Phrase complexe	جملة مركبة
Complex symbol	Symbole complexe	رمز مركب
Composition	Composition	نحت
Compound	Compound (phonémes)	مركبة (صواتم)
Comprehension	Compréhension	فهم
Conative	Conatif	إفهامي
Conative	Conative (fonction)	إفهامية (وظيفة)
Concatenation	Concaténation	ترابط
Concatenation	Concaténation articulatoire	ترابط أدائي
Concave	Concave	مقعّر
Concept	Concept	متصوّر

Conceptual	Conceptuel	تصوريّ
Conceptual field	Champ conceptuel	حقل تصوّري
Conceptualization	Conceptualisation	تجريد المتصوّر
Concessive	Concessif	إضرابي
Concessive (clause)	Concessive (phrase)	إضرابية (جملة)
Concessive (form)	Concessive (forme)	صيغة المقابلة
Concluded discourse	Achévement du discours	تمام الخطاب
Concomitance concomitancy	Concomitance	ترابط
Concomitant	Concomitant	مترابط
Concord (ance)	Concordance	توافق
Concord of function	Concordance fonctionnelle	توافق وظيفي
Concord of tenses	Concordance des temps	توافق الأزمنة
Concordance	Concordance (lexicographique)	جرد سياقي
Concrete	Concret	محسوس
Concretisation	Concrétisation d'une image	تجسيم صورة
Condition	Condition	شرط
Conditional	Conditionnel	شرطيّ
Conditional connector	Connecteur conditionnel	قرين شرطي
Conditional sentence	Phrase conditionnelle	جملة شرطية
Conditional variant	Variante conditionnée	بديل مقيد

Conditioned	Conditionné	مشروط
Conditioning	Conditionnement	تكييف
Configuration	Configuration	تشكّل/ تشكيل/ تشجيرة
Confirmative	Confirmatif	إثباتي
Confirmative	Confirmatif (phrase)	إثباتية (جملة)
Conformation	Conformation	مشاكلة
Conjugation	Conjugaison	تصريف
Conjunct	Conjoint (adj.)	اقترانيّ/ مقرون
Conjunction	Conjonction (n.)	رابط
Conjunction	Conjonction (sub.)	ربْط
Conjunctive	Conjonctif	إرتباطي
Connection	Connexion	إقتران
Connector	Connecteur	قرين
Connotation	Connotation (n.)	إيحاء
Connotation	Connotation (sub.)	تضمين
Connotation of moneme	Connotations d'un monéme	إيحاءات اللفظم
Connotative	Connotatif	إيحائي
Conscious acquisition	Acquisition consciente	اكتساب واعٍ
Consecutive (s.)	Consécutif	تتابعي
Consonance	Consonance	سجع
Consonances	Consonances	أسجاع
Consonant	Consonant	مسجّع
Consonant	Consonne	حرف
Consonantal alternation	Alternance consonantique	تناوب الحروف
Consonantal complex	Complexe consonantique	مركّب حرفيّ

Consonantal conglomerate	Agglomérat consonontique	تكتل حرفي
Constant	Constant	ثابت
Constant	Constante	ثابتة
Constant of discourse	Constantes du discours	ثوابت الخطاب
Constative	Constatif	تقريريّ
Constellation	Constellation	كوكبة
Constituent	Constituant	مكوّن
Constituent relations	Relations constituantes	نسبة مكونة
Constitutive	Constitutif	تأسيسي
Constriction	Constitution	تأسيس
Constriction	Constriction	إنقباض
Constrictive	Constrictif	إنقباضي
Construction	Construction	بناء
Construction of the phrase	Construction de la phrase	بناء الجملة
Contact of languages	Contact des langues	إحتكاك اللغات
Contamination	Persévération (= contamination)	عدوى
Content	Contenu	محتوى
Content analysis	Analyse de contenu	تحليل مضموني
Context	Contexte	سياق
Context of situation	Contexte de la situation	سياق الحال
Contextual	Contexuel	سياقي
Contextual accent	Accent contextuel	نبر سياقي

Contextual ambivalence	Ambivalence contextuelle	تعاظل سياقي
Contextual variant	Variante contextuelle	بديل سياقي
Contexualization	Contextualisation	مساق
Contiguity	Contiguité	تلاصق
Contiguous	Contigus	متجاورات
Contingent	Contingent	جائز (احتمالي)
Continuation	Suite	توال
Continued	Continu	ممتدّ
Continuity	Continuité	مواصلة
Continuos future	Futur continu	مستقبل متصل
Continuous lengthening	Allongement continu	مدّ متصل
Continuous proportion	Proportion continue	تناسب متصل
Contour	Contour	قدار
Contract	Contrat	عقد
Contracted	Contracté	مُقلصّ
Contracted (vowel)	Contracte (voyelle)	متقلصة (حركة)
Contraction	Contraction (= coalescence)	مزج صوتي
Contraction of usage	Contraction de l 'usage	تقلص الاستعمال
Contractive	Contractif	تقلصي
Contradiction	Contradiction	تناقض
Contradictory	Contradictoire	متناقض
Contrary	Contraire	ضدّ

Contrast	Contraste	مفارقة
Contrastive	Contrastif	تقابليّ
Contrastive grammar	Grammaire contrastive	نحو تقابلي
Contrastive linguistics	Contrastive (linguistique)	تقابلية (لسانيات)
Contrastive linguistics	Linguistique contrastive	لسانيات تقابلية
Control	Contrôlé	رقابة
Convention	Convention (n.)	متواضعة
Convention	Convention (sub.)	إصطلاح
Conventional	Conventionnel	إصطلاحي
Convergence	Convergence	تلاقِ
Conversation	Conversation	تحاور
Conversational	Conversationnel	تحاوري
Conversion	Conversion	تبديل
Converted	Convertir	بدّل
Convex	Convexe	محدّب
Coocurrence	Co-occurrence	توارد المصاحبة
Coordinated	Coordonné	منسّق
Coordinates	Coordonnée (n.)	إحداثي
Coordinating conjunction	Conjonction de coordination	رابط تنسيقي
Coordination	Coordination	تنسيق
Coptic	Copte	القبطية
Copula	Copule	رابطة
Copula	Verbe copulatif	فعل رباطي
Copulative	Copulatif	رِباطي

Copulative (function)	Copulatif (fonction)	رباطية (وظيفة)
Cord	Corde	وَتر
Corduroy	Vélours	وصل زائد
Coreference	Co-référence	توحد المرجع
Coronal	Coronal	تاجيّ
Corpus	Corpus	مدونَّة
Correct	Correct	صحيح
Correcting	Correction	إصلاح
Correlation	Corrélation	تلازم
Correlative	Corrélatif (adj.)	تلازميّ
Correlative	Corrélatif (n.)	ملازِم
Correlative pair	Paire corrélative	زوج تلازمي
Correspondence	Correspondance	ترادف
Corresponding	Correspondant	مترادف
Cost	Coŭt	تكلفة
Couple	Couple	مثناة/ زوج
Couples	Couples	مثانٍ
Coupling	Couplage	تزويج/ اقتران
Covariance	Covariance	تنوع مطلق
Creative aspect	Aspect créatiu	مظهر خلاّق
Creativity	Créativité	إبداعية
Creole	Créole	الكروليّة
Creole	Créole	لغةٌ مزيج
Criteriology	Critériologie	مقياسية
Cross-classification	Croisé (classification)	متقاطع (تبويب)
Crossing	Croisement	تجاذب

Crossing, passing	Franchissement	اختراق
Cry	Cri	صراخ
Cryptography	Cryptographie	ترميز كتابيّ
Crytotype	Cryptotype	نمط خفّي
Cube	Cube	مكعّب
Cubic	Cubique	تكعيبي
Cubism	Cubisme	تكعيبية
Culminative	Culminatif	جامع
Culminative accent	Accent culminatif	نبر جامع
Culminative function	Culminative (fonction)	أوْجّية (وظيفة)
Cultural	Culturel	ثقافي
Culture	Culture	ثقافة
Cuneiform	Cunéiforme (écriture)	مسمارية (كتابة)
Current literature	Littérature courante	ادب رائج
Current usage	Usage courant	استعمال سائر
Cursive	Cursif (= imperfectif)	صائر
Cybernetic	Cybernétique (n.)	قبطانية
Cycle	Cycle	دور
Cyclic	Cyclique	دوري
Cymric	Cymrique	اللغة الويلزية
Cypriote	Cypriote	القبرصية

D

Danish	Danois	الدانمركية
Data	Data	مدوَّنة المعطيات
Dative	Datif	إضافة
Dazzling, glistening	Miroitant	نصف انسدادي
Dead	Mort	ميت
Deaf and dumb	Sourd-muet	اصم ابكم
Deaf and dumb	Sourds-muets	صم بكم
Deaf and dumbness	Surdi-mutité	صمم مبكم
Deafness	Surdité	صمم
Decentralization	Décentration	توزع
Decision	Décision	قرار
Decisive	Décisif	حاسم
Declamation of style	Déclamation du style	بهرج الأسلوب
Declamatory	Déclamatoire	تنويهي
Declarative	Déclaratif	تصريحي
Declarative sentence	Déclaratif (phrase)	خبرية (جملة)
Declarative sentence	Phrase déclarative	جملة تقريرية
Declension	Déclinaison	صرف إعرابي
Declension of names	Déclinaison des noms	إعراب السماء
Decoder	Décodeur	مفكك
Decoding	Décodage	تفكيك
Decomposition	Décomposition	فكّ
Deduction	Déduction	استنتاج
Deductive	Déductif	استنتاجي

Deductive reasoning	Raisonnement déductif	استدلال استنتاجي
Defective	Défectif	ناقص
Defence	Défence	حظر
Defictivity	Défictivité	نقص
Definite	Défini	معرَّف
Definite article	Article défini	مخصص التعريف
Definition	Définition (sub.)	حدٌّ
Definition	Définition (n.a.)	تعريف
Degree	Degré	درجة
Degree of acceptability	Degrés d'acceptabilité	درجات المقبولية
Degree of aperture	Degrés d'aperture	درجات الانفتاح
Degree of complexity	Degré de complexité	درجة التعقد
Degree of simplicity	Degré de simplicité	درجة البساطة
Delictalisation	Delictalisation	تفرع لهجي
Delimitation	Délimitation	تجزئة
Demarcation	Démarcation	تفاصل
Demarcative	Démarcatif	فاصل
Demarcative stress	Accent demarcatif	نبر فاصل
Demonstration	Démonstration	استدلال
Demonstrative	Démonstratif (adj.)	برهاني
Demonstrative	Démonstratif (adj.)	إشاري
Demonstrative pronoun	Pronom démonstratif	اسم اشارة
Denazalization	Dénasalisation	نزع الغنّة
Denomination	Dénomination	تعيين
Denominative	Dénominatif	تعييني

Denotation	Dénotation	دلالة ذاتية
Denotative	Dénotatif (=référentiel)	مرجعي
Denote	Dénoté (référent)	مَرجِع
Denote	Dénoté (déférent)	مرجع
Dense	Dense	كثيف
Density	Densité	كثافة
Dental	Dental	أسناني
Dental-alveolar	Denti-alvéolairé	أسناني لثويّ
Dependent	Dépendant	تبيع
Depreciative	Dépréciatif (=péjoratif)	تهجيني
Derivation	Dérivation	اشتقاق
Derivational	Dérivationnel	إشتقاقي
Derivational affix	Affixes dérivationnel	زائدة اشتقاقية
Derivational suffices	Suffixes dérivationnels	لواحق الاشتقاق
Derived sentence	Phrase dérivé	جملة مشتقة
Description	Description	وصف
Descriptive	Descriptif	وصفي
Descriptive	Signalétique	اشاري
Descriptive grammar	Grammaire descriptive	نحو وصفي
Descriptive linguistics	Linguistique descriptive	لسانيات وصفية
Descriptive method	Méthode descriptive	منهج وصفي
Descriptive phonetics	Phonétique descriptive	صوتيات وصفية

Descriptivism	Descriptivisme	وصفية
Designation	Désignation	تخصيص
Detachment	Détachement	عزْل
Determinant	Déterminant	محدَّد
Determination	Détermination	تحديد/ تعريف
Determinative	Déterminatif	تحديديّ
Determinative	Déterminatif (discourse)	جزميّ (خطاب)
Determinative adjective	Adjectif déterminatif	نعت محدد
Determine	Déterminé	محدد/ معرف
Determined arbitrariness	Arbitraire caractérisé	اعتباط محض
Deverbative	Déverbatif	مصوغ الفعل من الفعل
Devocalisation	Dévocalisation	تهميس
Diachronic	Diachronique	زمانيّ
Diacritical	Diacritique	مميِّز
Diagnostic	Diagnostique	تشخيصيّ
Diagram	Diagramme	رسم بياني/ هيكل
Diagram	Schéma	رسم بياني
Diagraph	Diagraphe	رسم ثنائي
Diagraph	Digramme	حركة/ حرف/ مزدوج
Diagronic phonetics	Phonétique expérimentale	صوتيات تجريبية
Dialect	Dialecte	لهجة
Dialect	Patois	لهجة ريفية
Dialectal	Dialectal	دارج
Dialectal	Dialectal	دراجة

Dialectal Arabic	Arabe dialectal	عربية دراجة
Dialectal variant	Variante dialectale	بديل نهجي
Dialectalisation	Dédialectalisation	توحيد لهجي
Dialectical boundaries	Frontières dialectales	حدود لهجية
Dichotomy	Dichotomie	زوج تقابليّ
Diction	Diction	أداء
Dictionary	Dictionnaire	قاموس
Dictionary of Antonyms	Dictionnaire des antonymes	قاموس الأضداد
Dictionary of Synonyms	Dictionnaire des synonymes	قاموس المترادفات
Difference	Différence	فرق/ اختلاف
Different	Différent	مغاير
Differential	Différentiel	تخالفي
Differential dialect	Dialecte différentiel	لهجة فارقة
Differentiation	Différenciation (n. a.)	تفريق
Differentiation	Différenciation (sub.)	تغاير
Diffraction	Diffraction	إنعراج
Diffuse	Diffus	منتشر/ مسهب
Diminutive	Diminutive (adj.)	تصغيريّ
Diminutive	Diminutif (n.)	تصغير
Diphthong	Diphtongue	حركة مزدوجة
Diphthongization	Diphtongaison	مزاوجة حركية
Direct	Direct	مباشر
Direct acquisition	Acquisition directe	اكتساب مباشر

Direct complement	Complément direct	تمِيم المفعولية
Direct object	Objet direct	مفعول المتعدي
Directional	Directionnel	إتجاهي
Disappearance	Amuïssement	تلاشٍ
Discernable	Discernable	متمايز
Discipline	Discipline	فنّ
Discontinue	Discontinu	متقطع
Discontinuity	Discontinuité	تقطع
Discourse	Discours	خطاب/ القول
Discourse analysis	Analyse de discours	تحليل الخطاب
Discourse articulation	Articulation dudiscours	تقطيع الخطاب
Discourse categories	Catégories du discours	أجناس الخطاب
Discourse grammaticality	Grammaticalité du discours	نحوية الخطاب
Discourse instances	Instances du discours	مجاري الخطاب
Discrete proportion	Proportion discrète	تناسب منفصل
Discrimination	Discrimination	تفريق
Distance	Distance	إبتعاد/ مسافة - مدى
Distinction	Distinction	تمييز
Distinctive	Distinctif	تمييزيّ
Distinctive accent	Accent distinctif	نبر تمييزي
Distinctive feature	Trait distinctif	سمة تمييزية
Distinguisher	Distinguisher	مّميز مأصلي
Distribution	Distribution	توزيع
Distribution axis	Axe de distribution	محور التوزيع

Distributional	Distributionnel	توزيعي
Distributional class	Classe distributionnelle	باب توزيعيّ
Distributional linguistics	Linguistique distributionnelle	لسانيات توزيعية
Distributionalism	Distributionnalisme	توزيعية
Distributive	Distributif	توزُعيّ
Distributivity	Distributivité	توزُعية
Divergence	Divergence	أفتراق/ وجه الاختلاف
Divergence	Écart	عدول/تجاوز
Divergent	Divergent	مُفارق
Documentary	Documentaire	توثيقي
Dogmatic	Dogmatique	وثوقي
Domain	Domaine	مجال
Done	Fait	حادث
Doric	Dorien	الدورية
Dorsal	Dorsal	ظهريّ
Dorsal consonant	Consonne dorsale	حرف ظهريّ
Double	Double	ضعف
Double articulation	Articulation (double)	تمفصل مزدوج
Double articulation	Deuxiéme articulation	التقطيع الثاني
Double articulation	Double articulation	تمفصل مزدوج
Double compound	Surcomposé	مركب مضاعف
Double correlative sentence	Phrase corrélative double	جملة
Doublet	Doublet	مُزاوج
Dual	Duel	مُثنَّى

Dual articulation	Deuxiéme articulation	تمفصل ثانٍ
Duality	Dualité	تثنية
Dull, dim	Sombre	قاتم
Durative	Duratif	إستمراري
Dutch	Néerlandais	الهولندية
Dynamic (adj.)	Dynamique (adj.)	حركيّ
Dynamic accent	Accent dynamique	نبر حركي
Dynamic structuralism	Structuralisme dynamique	بنيوية حركية
Dynamic structuralism	Structuralisme statique	بنيوية سكونية
Dynamism	Dynamisme	حركية

E

Economy	Économie	إقتصاد
Effective	Effectif (=résultatif)	محصوليّ
Egocentric	Egocentrique	مركزي الذات
Egocentricism	Egocentrisme	مركزية الذات
Ejection	Éjection	قذف
Ejective	Éjectif	قذفي/مفرزة
Ejective	Récursif (=éjectif)	قذفي
Element	Élément	عنصر/جزء
Elements of discourse	Éléments du discours	عناصر الخطاب
Elevation, height	Hauteur	ارتفاع
Elided of syllabes	Apocope des syllabes	بتر المقاطع
Elision	Élision	ترخيم تعامُليّ
Ellipsis	Ellipse	إختزال
Elliptic sentence	Phrase elliptique	جملة مختزلة
Elliptical	Elliptique	مختزل
Elusion, evasion	Échappatoire	متنفسّ
Emanation	Émanation	أنبثاق
Emission	Émission	بثّ
Emotive	Émotif	انفعاليّ
Emphatic	Emphatique	مُفخمّ
Empirical method	Méthode empirique	منهج اختباري
Empiricism	Empirisme	اختبارية
empiricism	Empirisme	اختبارية
Employment	Emploi	استخدام

employment	Emploi	استخدام
Empty	Vide	خاو
Empty resonator	Vide résonnateur	فراغ رنان
Empty word	Motivide	لفظ مبهم
Enclitic	Enclitique	مجلوب نبري
Encyclopedia	Encyclopédie	موسوعة
Encyclopediac	Encyclopédique	موسوعي
Energetic accent	Accent dénergie	نبر وقعي
Engagement	Engagement	التزام
Engender/create	Engendrer	أنشأ
English	Anglais	الإنجليزية
Entanglement	Enchevêtrement	تشابك
Entity	Entité (= item)	كيان
Enumeration	Énumératian	تعداد
Enunciated	Énonciateur	لافظ
Enunciation	Énonciation	أداء
Enunciative	Énonciatif	أدائي
Enunciative sentence	Phrase énonciative	جملة
Environment	Environnement	محيط
Epiglottis	Épiglatte	لسان المزمار
Epigraph	Épigraphe	نقيشة
Epigraphy	Épigraphie	نقوشية
Epistymology	Épistémologie	أصولية
Epithet	Épilthète	خصيصة
Equation	Équation	معادلة
Equivalence	Équivalence	تكافئ
Equivalent	Équivalent	متكافئ
Equivocal	Équivoque (adj.)	ملتبس

Equivocation	Équivoque (n.)	التباس
Eskimoan	Eskimo (= Esqwimau)	الاسكمية
Esoteric	Ésotérique	مكنون
Esperanto	Espéranto	الأسبيرنتو
Esprit	Esprit	ذهن
Esthetic	Esthétique (adj.)	جمالي
Estimative	Estimatif	تقديري
Estimative future	Futur estimatif	مستقبل تقديري
Eternal wisdom	Sagesse éternelle	حكمة ادبية
Ethiopian	Ethiopien	الأثيوبية
Etymological	Étymologique	تأثيلي
Evaluation	Évaluation	تثمين
Evaluative	Évaluatif	تثميني
Evident	Évident	بديهي
Evocation	Évocation	استحضار
Evocative	Évocateur	استحضاري
Evolution	Évolution	تطور
Evolutionary	Évolutif	تطوري
Evolutionism	Évolutionnisme	تطورية
Exaggeration	Exagération	شطط
Example	Exemple	مثل
Exception	Exception	استثناء
Exclamation	Exclamation	تعجب
Exclamative	Exclamatif	تعجبي
Exclusion	Exclusion	عزل
Exclusive	Exclusif	اقصائي
Exclusive	Exclusif (rapport)	عازلة (علاقة)

Execution	Exécution	تنفيذ
Exegesis	Exégèse	تفسير
Exhaustive	Exhaustif	استقصائي
Exhaustively	Exhaustivité	استقصاء
existential	Existentiel	وجودي
Exocentric	Exocentrique	استخراجي
Expansion	Expansif	انتشاري
Expansion	Expansion	انتشار
Expectation	Expectation	توقع
Expectative	Expectatif	توقعي
Experience	Expérience	تجربة
Experimental	Expérimental	تجريبي
Experimental phonetics	Phonétique diachronique	صوتيات زمنية
Expiratory accent	Accent expiratoire	نبر زفيري
Explication	Explication	شرح
Explicative explanatory model	Modèle explicatif	مثال تفسيري
Explicative science	Science explicative	علم تفسيري
Explicit	Explicite	صريح /مظهر
Exploitation	Exploitation	استغلال
Explosion	Explosion	انفجار
Explosive	Explosif	انفجاري
Expression	Expression	تعبير
Expressive	Expressif	تعبيري
Expressive accent	Accent expressif	نبر تعبيري
Expressive means	Moyen expressif	وسيلة تعبير
Extension proportion	Proportion en extension	تناسب ممتد

Extensive	Extensif	اتساعي
Exterior	Extérieur	خارجي
Exterior reality	Réalité extérieure	واقع خارجي
External dynamism	Dynamisme externe	حركة خارجية
External ear	Oreille extérieure	اذن خارجية
Extraction	Extraction	استخراج
Extralinguistic	Extra-linguistique	مجاوز لساني

E

Fact	Fait (n.)	واقعة
Factitive	Pactitif	معدى الى مفعولين
Factive	Factif (= translatif)	صيروري
Factor	Facteur	عامل
Factual	Factuel	عواملي
Facultative	Facultatif	اختياري
Falling tone	Ton descendant	نغم منخفض
Familiar	Familier	مألوفة
Fashion, form, manner	Mode (n.f.)	رائجة / نوع
Fatal	Fatal	صحي
Fault	Faute	خطأ
Faulty practice	Exercice de la faculté	ارتياض الملكة
feable	Faible	ضعيف
Feedback	Feed-back (= retroaction)	استرجاع
Feedback	Rétrocation (= feed-back)	استرجاع
Female	Femelle	تأنيثي
Feminine	Feminin	مؤنث
Ficative	Soufflant (= fricatif)	احتكاكي
Fiction	Fiction	تخيل
Fictive	Fictif	تخيلي
Field	Champ	حقل

Field of application	Champ d'application	حقل التطبيق
Field of dispersion	Champ de dispersion	حقل التّبدد
Final	Final	ختامي
Finite laws	Lois finies	قوانين متناهية
Finite number	Nombre fini	عدد متناه
Fixed accent	Accent fixe	نبر ثابت
Flexibility	Flexibilité	طواعية
Flexion	Flexion	اعراب
Flexional suffixes	Suffixes flexionnels	لواحق اعرابية
Fold	Repli	انعطاف
Foot	Pied	رجل
For	Sotho	السوتية
Force	Force	قوة
Form	Forme	شكل
Formal	Formel	شكلي
Formal analogy	Analogie formelle	قياس شكلي
Formal logic	Logique formelle	منطق صوري
Formal structuralism	Structuralisme formel	بنيوية شكلية
Formalisation	Formalisation	تشكيل
Formalise	Formalisme	شكلية
Formalist	Formaliste	شكلاني
Formation	Formation	تكوين
Formula	Formule	صياغة
Formulation	Formulation	صوغ
Fracture	Brisure (= fracture)	كسْر

Fracture	Facture (= brisure)	كسره
Frankish	Francique	الفرنكية
Free (style)	Libre (style)	حر (أسلوب)
Free (vowel)	Libre (voyelle)	مطلقة (حركة)
Free accent	Accent libre	نبر متنقل
Free form	Forme libre	صيغة حرة
Free variant	Variante libre	بديل مطلق
French	Français	الفرنسية
French	Francien	الفرنجية
Frequency	Fréquence	تواتر
Frequent	Fréquentatif	تكراري
Fricative	Fricatif	احتكاكي
Fricative consonant	Consonne fricative	حرف احتكاكي
Friction	Friction	احتكاك
Front vowel	Voyelle d'avant	حركة امامية
Front vowels	Avant (voyelle d')	أمامية (حركات)
Fulility	Futilité	لغو
Function	Injonctive (fonction)	اقتضائية (وظيفة)
Functional	Fonctionnel	وظيفي
Functional laws	Lois fonctionnelles	قوانين دالية
Functional linguistics	Linguistique fonctionnelle	لسانيات وظيفية
Functional output	Rendement fonctionnel	مردود وظيفي
Functional phonetic	Phonétique fonctionnelle	صوتيات وظيفية
Functional system	Système fonctionnel	نظام وظيفي
Functional unity	Unité fonctionnelle	وحدة وظيفية

Functionalism	Fonctionnalisme	وظيفية
Fundamental	Fondamental	اساسي
Fundamental form	Forme fondamentale	شكل أساسي
Fusion	Fusion	انصهار
Future	Futur	مستقبل
Futurism	Futurisme	مستقبلية
Futurist	Futuriste	مستقبلي

G

Galic	Galla	الجالية
Galic	Gaulois	الغولية
Gallicism	Gallicisme	مسكوكة فرنسية
Gazeaus	Gazeux	غازي
Gemination	Gémination	تضعيف
Gender agreement	Accord de genre	تساوق الجنس
Gene	Gène	مورثة
Genealogical	Généalogique	سلالي
Geneology	Généalogie	سلالية
General	Général	عام
General	Normes générales	معاييرعامة
General linguistics	Linguistique générale	لسانيات عامة
General linguistics	Linguistique générative	لسانيات توليدية
General phonetics	Phonétique générale	صوتيات عامة
Generality	Généralité	عمومية
Generalized	Généralise	معمم
Generate	Générer	ولد
Generative	Génératif	توليدي
Generative pattern	Schème générateur	قالب توليدي
Generative capacity	Capacité générative	قدرة توليدية
Generative climax	Climax génératif	تسُنم توليدي
Generative complement	Compétence générative	قدرة توليدية

Generative grammar	Grammaire générative	نحو توليدي
Generator	Générateur	مولد
Generic	Générique	جنسي
Genesis	Genèse	نشأة
Genetic	Génétique (adj.)	تكويني
Genetic	Génétique (n.)	تكوينية
Genitive	Génitif	اضافة
Genitive	Objectif (génitif)	اضافة المصدر الى مفعوله
Genitive	Subjectif (génitif)	اضافة المصدر الى فاعله
Genre	Genre	جنس
Geographical	Linguistique géographique	لسانيات جغرافية
German	Allemand	الألمانية
Germanic	Germanique	الجرمانية
Gerundive	Gérondif	صيغة الحالية
Given	Donnée	مُعطًى
Glide	Voyelle furtive	حركة مختلسة
Glides	Glides	حروف العلة
Global perception	Perception globale	ادراك جملي
Glottal	Glottal	مزماري
Glottalic accent	Accent glottal	نبر الهمز
Gnomic	Gnomique	مطلق القيمة
Gnomic aorist	Aoriste gnomique	مطلق كوني
Gnostic	Gnostique	عرفاني
Gnosticism	Gnosticisme	عرفانية
Good usage	Bon-usage	فصاحة
Gothic	Gotique	القوطية

Govern	Gouverner (= régir)	حكم
Gradual	Graduel	تدرجي
Gradual opposition	Opposition graduelle	تقابل تدرجي
Grammar	Grammaire	نحو
Grammatical	Grammatical	نحوي
Grammatical	Régime (grammatical)	معمول (نحوي)
Grammatical analysis	Analyse grammaticale	إعراب المفردات
Grammatical category	Catégorie grammaticale	باب نحوي
Grammatical category	Mode (= catégorie grammaticale)	جنس الكلام
Grammatical classes	Classes grammaticales	أبواب نحوية
Grammaticality	Grammaticalité	نحوية
Grammaticulization	Grammaticalisation	انتحاء
Graphic	Graphique	خطي
Graphological	Graphologique	خطاطي
Graphology	Graphologie	خطاطة
Grave accent	Accent grave	نبر الإطالة
Greek	Grec	اليونانية
Group	Groupe	تركيبة
Gum	Gencive	لثة
Gums	Gencives	لثات

H

Habit	Habitude	عادة
Habitual	Habituel	اعتيادي
Habitual usage	Usage habituel	استعمال مالوف
Haitian	Haitien	الهايتية
Half closed vowel	Voyelle demi-fermée	حركة نصف متعلقة
Half-closed	mi-fermé	نصف مغلق
Half-open vowel	Vayelle demi-ouverte	حركة نصف متفتحة
Harmonic	Harmonique	متناغم
Harmonization	Harmonisation	تناسق
Harmony	Harmonie	تناغم
Harmony imitation	Harmonie imitative	محاكاة صوتية
Hazard	Hasard	اتفاق
Head	Tête	راس
Healthy	Sain	صحيح
Hebrew	Hébreu	العبرية
Helenistic	Helénistique	الاغريقية
Hemistich	Hémistiche	مصراع
Hermatic	Hermétique	ابهامي
Hermiticism	Hermétisme	ابهامية
Hetroganeous	Hétérogène	متغير الجنس
Heuristic (adj.)	Heuristique (adj.)	استكشافي
Heuristic (n.)	Heuristique (n.)	استكشافية
Hierarchical	Hiérarchique	رتبي /تدرجي
Hierarchy	Hiérarchie	تتبع/ مراتب

Hieroglophic	Hiéroglyphe	هيروغليفي
Hindustani	Hindoustani	الهندستانية
Historic	Historique	تاريخي
Historical grammar	Grammaire historique	نحو تاريخي
Historical linguistics	Linguistique historique	لسانيات تاريخية
Historical phonetics	Phonétique historique	صوتيات تاريخية
Historicity of language	Historicité du langage	تاريخ اللغة
History	Histoire	تاريخ
Homogeniety	Homogénéité	انسجام
Homonying	Homonymie	تجانس
Homonym	Homéonyme	مرادف نسبي
Homonymic	Homonyme	مجانس
Homophone	Homophone	جنيس صوتي
Homophony	Homophonie	جناس صوتي
Honorary	Honorifique	تبجيلي
Horizontal	Horizontal	افقي
Horizontal axis	Axe horizontal	محور أفقي
Horizontal classification	Classification horizontale	تبويب أفقيّ
Hreed/kind	Espèce	فصيلة
Human	Humain	انسي
Hungarian	Hongrois	المجرية
Hybrid	Hybride	هجين(الكلمة)
Hyoid	Hyoïde	لامي

Hypallage	Hypallage	مجاز تعاوضي
Hyperbole	Hyperbole	مغالاة /المبالغة
Hyper-correction	Hypercorrection	لحن اشتقاقي(الحذلقة)
Hyper-urbanism	Hyperurbanisme	تفاصح حضري
Hyphen	Tiret	مطة
Hypostatic	Hypostase	تقنيم
Hypotaxis	Hypotaxe	ربط نسقي (بالأدوات)
Hypothesis	Hypothèse	فرضية
Hypothetical	Hypothètique	افتراضي
Hypothetical-deductive	Hypothètic-déductif	فرضي استنتاجي

I

Iberian	Ibérique	الايبرية
Icon	Icône	مطابق
Iconic	Icônique	تصويري
Idea	Idée	فكرة
Ideal sound	Son idéal	صوت مثالي
Ideation	Idéation	أستذهان
Identical	Identique	مشابه
Identificator	Identificateur	ضابط الهوية
Identity	Identité	هوية
Ideogram	Idéogramme	رسم دلالي
ideogrammatical	Idéogrammatique	تصويري
Ideograph	Idéographie	كتابة تصويرية
Ideographic	Idéographique (écriture)	تصويري (خط)
Ideography	Idiographie	خط نوعي
Idiolect	Idiolecte	نمط فردي / لهجة فردية
Idiom	Idiome	لهجة فرعية
idiom	Idime	عرف لغوي
Idiomatic	Idiomatique	عرفي
Idiomatic	Idiomatique (expression)	جاهز (تعبير)
Idion, idoratic expression	Idiotisme	خصيصة
Idiosyncracy	Idiosyncrasie	قياس مزاجي
Illocutionary	Illocutionnaire	تحقيقي

Image	Image	صورة
Imaginary	Imaginaire	خيالي
Imagination	Imagination	خيال
Imaginative	Imaginatif	خيال
Imitative	Imitatif	محاك
Immanence	Immanence	محاثية
Immanent	Immanent	محايث
Immediate	Immédiat	حضوري
Immediate constituent	Constituant immédiat	مكوّن أولي
Immediate perception	Perception immédiate	ادراك مباشر
Imperative	Injonctive (= impérative)	طلبية
Imperative (adj.)	Impératif (adj.)	اقتضائي
Imperative (n.)	Impératif (n.)	امر
Imperative sentence	Phrase impérative	جملة طلبية
Imperfective (verb)	Imperfectif (verbe)	صائر(فعل)
implication	Implication	استلزام
Implication rapport	Rapport d'implication	علاقة استلزام
Implicit	Implicite	ضمني
Implosion	Impulsion	اندفاع
Implosive	Implosif	ارتخائي
Implosive	Implosif	حاجز
Implosive	Impulsif	اندفاعي
Implosive (consonant)	Implasive (consonne)	ابتلاعي(حرف)

Import	Portée	وقع
Impossibility	Impossibilité	تعذر
Impossible	Impossible	متعذر
Impotence	Impuissance	عجز
Impression	Impression	ارتسام
Impressive	Impressif	ارتسامي
Impure, polluted	Impur	كدر
Impurity	Impureté	كدورة
In absentics	Inabsentia (rapports)	غيابية (علاقات)
In accessible	Inabordable	مستعص
In compatible	Incompatible	متنافر
In complete	Incomplet	منقوص
In stantaneousness	Instantanéité	حسينية
Inaccessible	Inaccessible	ممتنع
Inalienable	Inaliénable (possesion)	ملكية حتمية
Inanimate	Inanimé	جامد
Inarticulate	Inarticulé	لاتلفظي
Inchaotive	Inchoatif	استهلالي
Inchaotive	Ingressif (= inchoatif)	استهلالي
Inchoative aorist	Aoriste inchoatif	مطلق بدئي
Incidental clause	Incise (= incidente)	اعتراضية
Incisive	Incisive	ثنية
Inclined	Endinomène	مائل نبري
Inclusion	Inclusion	تضمن
Inclusion rapport	Rapport d'inclusion	علاقة تضمن

Inclusive	Inclusif	استيعابي
Incompatibility	Incompatibilité	تنافر
Incomplete assimilation	Assimilation incompléte	إدغام ناقص
Indeclinable	Indéclinable	غير معرب
Indefinite	Douteux	مشبوه
Indefinite	Indéfini	نكرة
Indefinite	Non-défini	غير معرف
Indefinite article	Article indéfini	مخصص التنكير
Independence	Indépendence	استقلال
Independent	Indépendent	مستقل
Indeterminate	Indéterminé	مبهم
Indetermination	Indétermination	
Index	Index	ثبت
Indexation	Indexation	فهرسة
Indian	Indien	الهندية
Indicative	Indicatif	اشاري
Indicative (function)	Indicative (fonction)	تعينية (وظيفة)
Indicative (mode)	Indicatif (mode)	صيغة الفعل
Indicator	Indicateur	مؤشر
Indirect	Indirect	غير مباشر
Indirect complement	Complément indirect	تميم بواسطة
Indirect object	Objet indirect	مفعول بحرف الجر
Individual	Individuel	فردي
Individual variant	Variante individuelle	لثغة

Individualist	Individualiste	تفردي
Indivisibility	Indivisibilité	لاتجزؤ
Indivisible	Indivisible	لامتجزئ
Indo-American	Amérindien	الهندية الأمريكية
Indo-arian	Indo-aryen	الهندوارية
Indo-european	Indo-européen	الهندوأوربية
Indo-Iranian	Indo-iranien	الهندوايرانية
Indonesian	Indonésien	الأندونيسية
Inductive	Inductif	استقرائي
inductive	Induction	استقراء
Inductive reasoning	Raisonnement déductif	استدلال استقرائي
Inextricable	Inextricable	لاانفصامي
Inferent	Inhérent	لصيق
Inferior incisives	Incisives inférieures	ثنايا سفلى
Inferior levels	Niveaux inférieurs	مستويات دنيا
Infinite	Infini (aspect)	لامحدود (مظهر)
Infinite aspect	Aspect infini	مظهر لا محدود
Infinite number	Nombre infini	عدد لامتناه
Infinitive	Infinitif	صيغة الحدث
Infix	Infixe	داخلة
Infixation	Infixation	ادخال
Infixes	Infixes	دواخل
Inflecloned	Langue flexionnelle	لغة اعرابية
Inflection	Inflexion	امالة
Inflectional	Fusionnant (= flexiannel)	اعرابي

Inflectional affix	Affixation flexionnelle	زيادة إعرابية
Informant	Informant	مخبر
Information	Information (n.)	خبر
Information	Information (sub.)	أخبار
Informative	Informatif	اخباري
Infrastructure	Infrastructure	بنية سفلى
Ingressive aorist	Aoriste ingressif	مطلق بدئي
Inhuman	Non-humain	غير بشري
Initial	Initial	بدئي
Initial	Initiale (n.)	بدئية
Inn	Innéisme	فطرانية
Innate	Inné	فطري
Input	Input	حاصل
Insert	Enchâssé	مكتنف
Insertion	Insertion	ادراج
Insertion rapport	Rapport d'insertion	علاقة اندراج
Insistence	Insistance	تاكيد
Inspiration	Inspiration	الهام
Inspiration	Inspiration	شهيق
Instance	Instance	تجرى
Instantaneous	Instantané	حسيني
Instinctive	Instinctif	غريزي
Institution	Institution	مؤسسة
instruction	Instruction	توجيه
Instrumental	Instrumental (adj.)	اداتي
Instrumental	Instrumental (n.)	مفعول الوسيلة

Instrumental phonetics	Phonétique instrumentale	صوتيات الية
Insult	Injure	ثلب
Integration	Intégration	اندماج
Integrative	Intégratif	اندماجي
Intellect	Intellect	عقل
Intellectual	Intellectuel (adj.)	فكري
Intellectual existence	Existence intellectuelle	وجود عقلي
Intelligence	Intelligence	ذكاء
Intelligibility	Intelligibilité	معقولية
Intelligible	Intelligible	معقول
Intenational	Intonationnel	تنبيري
Intense	Intense (syllabe)	مكثف (مقطع)
Intensification	Intensification	تكثيف
Intensity	Intensité	كثافة
Intensity	Intensité	شدة
Intensity accent	Accent d'intensité	نبر تكثيفي
Intensive	Intensif	كثيف
Intensive	Intensif (= marqué)	موسوم
Intensive adverb Emphatic adverb	Adverbe d'affirmation	ظرف التأكيد
Intention, purpose	Intention	قصد
Intentional	Intentionnel	قصدي
Intentionality	Intentionnalité	قصدية
Interaction	Intéraction	تفاعل
Interaltration	Interattraction	تجاذب
Intercalated	Intercalée	معترضة

Intercommunication	Inter-communication	يواصل
Intercomprehension	Intercompréhension	تفاهم
Interconnections	Interconnexions	ترابطات
Interdendal consonant	Consonne interdentale	حرف ما بين أسناني
Interdental	Interdental	لثوي /بين الاسنان
Interdependence	Interdépendance	تعاظل
Interdisciplinarity	Inter-disciplinarite	تمازج المعارف
Interdisciplinary	Inter-disciplinaire	ممتزج المعارف
Interference	Interférence	تداخل
Interfunctional	Interfonctionnel	وظيفي تناوبي
Interior	Intérieur	داخلي
Interjection	Interjection	اداة تعجب
interlanguage	Interlangue	لغة اصطناعية
Interlocuter	Interlocuteur	محادث
Intermediary structure	Structure intermédiaire	بنية واسطة
Intermediate/memory	Mémoire intermédiaire	ذاكرة وسطية
Internal dynamism	Dynamisme interne	حركة داخلية
Internal ear	Oreille intérieure	اذن داخلية
Internal memory	Mémoire interne	ذاكرة داخلية
interpretation	Interpretation	تاويل
Interrogation	Interrogation	استفهام
Interrogative	Interrogatif	استفهامي
Interrogative	Interrogative (phrase)	استفهامية (جملة)

Interrogative pronoun	Pronom interrogatif	اسم استفهام
Interrupted lengthening	Allongement interrompu	مدّ منفصل
Interruption	Interruption	قطع
Intersubjective	Intersubjectif	ذاتي مشترك
Intertextual	Intertextuel	متناص
Intervocale	Intervocalique	بين حركتين
Intonation	Intonation	نبرة / ايقاع
Intonational accent	Accent d'intonation	نبر نغمي
Intoxication/poisoning	Intoxication (= contamination)	عدوى
Intra-buccal	Lingual (= intra-buccal)	لساني عضلي
Intralingual	Intralingual (= paraphrastique)	ترديدي
Intransitive actant	Actant d'intransitivité	مُفاعل اللزوم
Intransitive verb	Intransitif (verbe)	لازم (فعل)
Introspection	Introspection	استبطان
Introversion	Introversion	انطواء
Introverted	Introverti	انطوائي
Intuition	Intuition	حدس
Invariable	Invariable	مبني /غير متغير / دائم
Invariance	Invariance	قرار
Invention	Invention	ابتكار
Inverse	Inverse (verbe)	متعد ولازم (فعل)

Inverse/opposite	Inverse	عكسي
inversion	Interversion (= antimétathèse)	قلب تناظري
Inversion	Inversion (=hyperbate)	تقديم وتاخير
Inversive	Inversive (langue)	تقلبية (لغة)
Inversive	Inversif (affixe)	تضديدية(زائدة)
Invert	Inverti (=retroflexe)	التوائي
Ionien	Ionien	الايونية
Iranian	Iranien	الايرانية
Irish	Irlandais	الايرلندية
Ironic	Ironique	تهكمي
Irrational	Irrationnel	لامعقول
Irreducible	Irréductible	لامنتزع
Irregular	Hétéroclite	غير قياسي
Irregular	Irrégulier	شاذ
Irregular	Irrégulière (forme)	غير قياسية (صيغة)
Irregular plural	Pluriel irrégulier	جمع تكسير
Irregular verb	Verbe irrégulier	فعل شاذ
Irreversible	Irreversible	لاتراجعي
Isolation	Isolation	عزل
Italian	Italien	الايطالية
Item	Item	كيان

J

Japanese	Japonais	اليابانية
Jargon	Jargon	رطانة (اللغة الخاصة)
Jaw	Mâchoire	فك
Jeer/gibe	Quolibet	مراوغة ساذجة
Joint	Jointure	مفصل
Joint	Mixte	مزيج
Joking	Plaisanterie	مزاح
Junction	Jonction	لحام
Junction/linking	Liaison	وصل
Juncture	Frontière (= joncture)	مفصل
Juncture	Joncture (= jointure)	مفصل (الوقفة)
Justified	Motivé	معلل
Juxtaposed	Juxtaposé	مجاور
Juxtaposition	Juxtaposition	تجاور
Juxtaposition	Parataxe (= juxtaposition)	تجاور

K

Kabul	Kabyle	القبيلية
Kaffir	Cafre	الكفرية
Kernel	Kernel (=khmaer)	نواة
Kernel	Noyau	نواة
Keys	Clés	مفاتيح
Kineme	Kinème	حركة (الجسد)
Kinesics	Kinésique (= paralangage)	ايمائية
Kinship	Parenté	قرابة
koine	Koiné hellenistique	اليونانية المشتركة
Korean	Coréen	الكورية
Kurdish	Kurde	الكردية
Kymograph	Kymographe	راسم الصوت(الكيموكراف)
Kymography	Kymographie	رسم صوتي

L

Labial	Labial	شفوي
Labial consonant	Consonne labiale	حرف شفويّ
Labialisation	Labialisation	تشفيه
Labialised	Labialisé	مشفه
Labiality	Labialité	شفوية
Labio-dental	Labio-dental	شفوي أسناني
Labio-deutal	Bilabiodental	شفوي أسناني
Labio-ovelar	Bilabiovélaire	شفوي لهوي
Labio-palatal	Bilabiopalatal	شفوي حنكي
Labio-palatal	Labiopalatal	شفوي غاري
Labio-vela	Labia-vélaire	شفوي طبقي
Labio-velarisation	Labiovélairisation	تشفيه طبقي
Laboratory	Laboratoire	مخبر
Labyrinth	Labyrinthe	متاهة
Lack of musical sense	Fausset (voixde)	صوت مستحد
Language	Langage	لغة
Language act	Fait langagier	حدث لغوي
Language elasticity	Elasticité du langage	مطاطية اللغة
Language essence	Essence du langage	ماهية اللغة
Language of programming	Langage de programmation	لغة البرمجة
Language subtleties	Subtilités du langage	لطائف اللغة
Laryngial consonant	Consonne laryngale	حرف أقصى حلقيّ

Lateral consonant	Consonne latérale	حرف انحرافيّ
Latin	Latin	اللاتينية
Lauding/laudatory	Laudatif	تقريظي
Law of order	Loi d'ordre	قانون ضابط
Laws	Lois	
Laxity	Laxité	رخاوة
Legend	Légende	خرافة
Legislative institution	Institution législative	مؤسسة تشريعية
Lendulatory	Ondulatoire	تموجي
Lengendany	Légendaire	خرافي
Length	Longueur	طول
Lengthened	Allongé	ممدود
Lengthening, elongation	Allongement	مدّ
Lenition	Lénition	تخفيف
Letter	Lettre	حرف
Letter	Lettre	حرف صوتي
Letter alexia	Alexie littérale	عمى الحروف
Level	Palier	مرتبة
Level, plane	Plan	مكانة
Lexeme	Lexème	مأصل
Lexemes	Lexèmes	ماصل
Lexical	Lexical	معجمي
Lexical seizure	Saisie-lexicale	امساكة لفظية
Lexicalisation	Lexicalisation	تعجيم
Lexicality	Lexicaliste	تعجيمي
Lexicographeg	Lexicographie	قاموسية

Lexicology	Lexicologie	معجمية
Lexicon	Lexique	رصيد
Lexico-statistical	Lexico-statistique	معجمية احصائية
Liberty of occurrence	Liberté d'occurrence	حرية التوارد
Licence	Licence	تجوز
Lie	Mensonge	كذب
Limited form	Forme liée	صيغة مقيدة
Linear	Linéaire	خطي
Linear distance	Distance linéaire	مسافة خطية
Linearity	Linéarité	خطية
Lingua-fronca	Lingua franca (=sabir)	لغة مزيج
Linguagraphy	Linguographie	رسم اللسان
lingual	Lingual	ذولقي
Linguist	Linguiste	لساني
Linguistic	Linguistique (adj.)	لساني
Linguistic act	Fait linguistique	حدث لساني
Linguistic alienation	Aliénation linguistique	استلاب لغوي
Linguistic archeology	Archéologie lingiustique	حفرية لغوية
Linguistic area	Aire linguistique	حيز لغوي
Linguistic Atlas	Atlas linguistique	أطلس لغوي
Linguistic authority	Autorité linguistique	سلطة لغوية
Linguistic basin	Bain linguistique	حوض لغوي
Linguistic branch	Branche linguistique	شعبة لغوية

Linguistic community	Communauté linguistique	جماعة لغويّة
Linguistic consciousness	Conscience linguistique	وعي لغويّ
Linguistic contamination	Contamination linguistique	عدوى لغوية
Linguistic cunning	Ruse linguistique	حيلة لغوية
Linguistic description	Description linguistique	وصف لغوي
Linguistic dimension	Dimension linguistique	بُعد لغويّ
Linguistic dogmatism	Dogmatisme linguistique	وثوقية لغوية
Linguistic economy	Économie linguistique	إقتصاد الكلام
Linguistic exercise	Exercice linquistique	تدرب لغوي
Linguistic familiarization	Familiarisation linguistique	مؤالفة لغوية
Linguistic family	Famille linguistique	أسرة لغوية
Linguistic fascination	Paseination linguistique	انبهار لغوي
Linguistic fields	Champs linguistiques	حقول لغوية
Linguistic form	Mode linguistique	رائجة لغوية
Linguistic geography	Géographie linguistique	جغرافية لغوية
Linguistic identification	Identification linguistique	ضبط لغوي

Linguistic identification	Identification semantique	تطابق دلالي
Linguistic interference	Interférence linguistique	تداخل لغوي
Linguistic law	Lois linguistique	قانون لغوي
Linguistic map	Carte linguistique	خريطة لغوية
Linguistic particularity	Particularité linguistique	خصوصية لغوية
Linguistic phenomenon	Phénomène linguistique	ظاهرة لغوية
Linguistic presence	Présence linguistique	حضور لغوي
Linguistic sentiment	Sentiment linguistique	شعور لغوي
Linguistic situation	Situation linguistique	وضع لغوي
Linguistic structure	Structure linguistique	بنية لغوية
Linguistic taboos	Tabous linguistique	محظورات لغوية
Linguistic tree	Arbre linguistique	شجرة لغوية
Linguistical act	Acte linguistique	حدث لغوي
Linguistical adaptation	Adaptation linguistique	تلاؤم لغوي
Linguistics	Linguistique (n.)	لسانيات
Lip	Lèvre	شفة
Liquid	Liquide	مائع
Liquid	Mouillé	ملين
Liquidity	Mouillement (= mouillure)	تليين

Lisibility	Lisibilité	اقتراء
Literal	Littéral	فصيح
Literality of the text	Littérarite du texte	ادبية النص
Literary	Littéroure	ادبي
Literary genres	Genres littéraires	أجناس أربية
Litotis	Litote	تلطيف
Local	Local	موضعي
Local dialect	Dialecte local	لهجة محلية
Locative	Locatif	مفعول الموضع
Locuter	Locuteur	متحدث / متكلم
Lofio-dental	Dentilabial (=labiodental)	أسناني شفوي
Lofty	Soutenu	معضود
Lofty, dignified	Soutenu (langue)	منمقة (لغة)
Lofty, high	Haut	مستعل
Logic	Logique (n.)	منطق
Logical	Logique (adj.)	منطقي
Logical analysis	Analyse logique	إعراب الجمل
Logical category	Catégorie logique	مقولة منطقية
Logistic	Logistique (n.)	منطق رياضي
Logomachy	Logomachie	جدل لفظي
Long	Long	طويل
Long (vowels)	Longue (voyelle)	طويلة (حركة)
Long syllable	Syllabe longue	مقطع طويل
Long vowel	Voyelle langue	حركة طويلة
Loose	Lâche	أرتخائي
Low	Bas	منخفِض
Low vowel	Basse (voyelle)	منخفضة (حركة)

| Lung | Poumon | رئة |
| Lyric | Lyrique | غنائي |

M

Macedonian	Macédonien	الماسيدونية
Machine	Machine	الة
Macrocontext	Macrocontexte	سياق اكبر
Macrophoneme	Marcrophonème	صوتم اكبر
Macroscopic	Macroscopique	عياني
Macrosegment	Macrosegment	قطعة كبرى
Macro-sequence	Macro-séquence	وصلة كبرى
Magnetoscope	Magnétoscope	مسجل الصورة
Maimed	Mutilé	منهوك
Majesty	Majesté	فخامة
Major	Majeure	كبرى
Malagasian	Malgache	الملغاشية
Malay	Malais (= malay)	المالية
Male	Mâle	ذكر
Maltese	Maltais	المالطية
Manifestation	Manifestation	تجل
Manner of articulation	Mode d'articulation	نوع التلفظ
Manners of articulation	Modes d'articulation	صفات النطق
Marginal	Marginal	هامشي
Marginal phoneme	Phonème marginal	صوتم هامشي
Mark	Marque	سمة /علامة
Marked	Marqué	موسوم
Marker	Marker	واسم مفهومي

Marker	Marquear (= marker)	واسم
Masculine	Masculin	مذكر
Mask	Masque	قناع
Mask of words	Masque des mots	قناع الألفاظ
Masked	Masqué (discours)	مقنع (خطاب)
Mass	Masse	كتلة
Massive	Massique (= massif)	متكتل
Massive (nouns)	Massifs (noms)	متكتلة (اسماء)
Master	Dominer	سيطر
Material	Matière	مادة
Maternal	Maternel	امومي
Maternal (language)	Maternelle (langue)	لغة الأمومة
Maternal acquisition	Acquisition maternelle	اكتساب بالأمومة
Mathematical	Mathématique (adj.)	رياضي
Mathematics	Mathématiques	رياضيات
Matrice sentence	Phrase-matrice	جملة منوالية
Matrix	Matrice	مصفوفة / قالب
Matrix (sentence)	Matrice (phrase)	منوالية (جملة)
Maximum opening	Ouverture maxima	انفتاح أقصى
Maximum unity	Unité maximale	وحدة عليا
Means	Moyen (n.)	وسيطة
Mechanic	Mécanique (adj.)	الاني
Mechanic cohesion	Cohésion mécanique	ارتباط آلي

Mechanical sense	Sens mécanique	معنى الي
Mechanical structuralism	Structuralisme mécanique	بنيوية الانية
Mechanics	Mécanique (n.)	الانية
Mechanism of sign	Mécanisme du signe	الانية العلامة
Median	Médian	وسطي
Mediator	Médiateur	وسيط
Medication	Médiation	وساطة
Medio- palatal	Médiopalatal	وسطي حنكي
Medio-dorsal	Médiodorsal	وسطي ظهري
Meditation	Méditation	تأمل
Medium vowel	Voyelle médiane	حركة وسطية
Medium, middle, opening	Ouverture moyenne	انفتاح وسط
Melalinguistic function	Fonction métalinguistique	وظيفة انعكاسية
Melioration	Mélioration	اطراء
Meliorative	Mélioratif	اطرائي
Melodic	Mélodique	تناغمي
Melodic accent	Accent mélodique	نبر تناغمي
Melody	Mélodie	تناغم
Melody of	Mélodie d'intonat	
Member	Membre	عضو
Memorization	Mémoirisation	استذكار
Memory	Mémoire	ذاكرة
Memory capacity	Capacité de la mémoire	طاقة الذاكرة

Mental	Mental	ذهني
Mental structure	Structure mentale	بنية ذهنية
Mentalism	Mentalisme	ذهنية
Mentalist	Mentaliste	ذهني
Message	Message	رسالة
Metabole	Métabole	جمع الترادفات
Metalinguistic discourse	Discours métalinguistique	خطاب إنعكاسي
Metamorphosis	Métamorphose	انسلاخ
Metaphor	Métaphore	مجاز /استعارة
Metaphorical extension	Extension métaphorique	اتساع مجازي
Metastasis	Métastase	أنشأت
Metathese	Permutation (= métathèse)	تبادل
Metathesis	Métathèse	تبادل
Meter	Mètre	بحر
Method	Méthode	منهج
Methodical	Méthodique	منهجي
Methodological	Méthodologique	مناهجي
Methodological principle	Principe méthodologique	طريقة منهجية
Methodology	Méthodologie	منهجية
Metonymy	Métonymie	كناية
Metric	Métrique (adj.)	عروضي
Metric measurement	Mesure métrique	وزن
Metric stroke	Ictus métrique	نوبة عروضية
Metricians	Métriciens	عروضيون

Metrics	Métrique (n.)	عروض
Microcontext	Microcontexte	سياق اصغر
Microglossary	Microglossaire	كشف اصغر
Micro-phoneme	Microphonème	صوتم اصغر
Microscopic	Microscopique	مجهري
Micro-segment	Microsegment	قطعة صغرى
Micro-sequence	Micro-séquence	وصلة صغرى
Micro-structure	Microstructure	بنية صغرى
Middle	Moyen (ajd.)	متوسط
Middle ear	Oreille moyenne	اذن وسطى
Middle of the tongue	Milieu de la langue	وسط اللسان
Middle usage	Usage moyen	استعمال وسط
Mimic	Mimique	محاكاة
Minimal	Minimale	دنيا
Minimal	Minimal	ادنى
Minimal pairs	Paires minimales	ازواج دنيا
Minimal segment	Segment minimal	قطعة دنيا
Minimal unity	Unité minimale	وحدة دنيا
Minimum opening	Ouverture minima	انفتاح أدنى
Misunderstanding	Quiproque	تلابس
Mobile accent	Accent mobile	نبر متحرك
Modal	Modal	صوغي
Modalisation	Modalisation	تصوير
Modality	Modalité	صوغ
Modality	Mode (= modalité)	صور
Moddalisation	Mode (=modalisation)	تصوير
Mode	Personnel (mode)	مصرف (ضرب)

Modern Arabic	Arabe moderne	عربية معاصرة
Modifactory	Modificateur	محور
Modification	Modofication	تحوير
Modifier	Modifier	حور
Modist	Modiste	صياغي
Molar	Molaire	ضرس
Molaries	Molaires	اضراس
Molecular	Moléculaire	هبائي
Moment	Moment	وقت
Momentary	Momentané	متواقت
Mongol	Mongol	المنغولية
Monologue	Monologuel	مناجاة
Monophenometic	Monophonématique	فريد الصوتية
Monophone	Monophone	وحيد الصوت
Monosyllabic	Monosyllabique	فريد المقطع
Monosyllable	Monosyllabe	مقطع فريد
Monosystematic	Monosystèmique	متوحد الانظمة
Monotonisation	Monotonisation	مراتبة
Morable	Mobile (adj.)	متحرك
More powerful	Puissant (plus)	اقوى
Morpheme	Morphème	صيغم
Morphological	Morphologique	صيغمي
Morphology	Morphologie	صيغمية
Morphoneme	Morphonème	صرفم
Morphonology	Morphonologie	صرفمية
Morpho-phonology	(= morphonologie) Morpho-phonologie	صرفمية

Morphosyntaxt	Morphosyntaxe	تشاكلية
Morphosyntaxtic	Morphosyntaxique	تشاكلي
Motivation	Motivation	حافز
Motivations	Motivations	حوافز
Motive	Motif	باعث
Motive power	Mobile (n.)	دافع
Motive powers	Mobiles	دوافع
Motives	Motifs	بواعث
Mountainous accent	Accent montagnard	لهجة جبلية
Movement	Mouvement	حركة
Movement of stress	Appui (voyelle d')	حركة الاعتماد
Multidimensional	Multidimensionnel	متعدد الابعاد
Multidisciplinarity	Multidisciplinarité	تضافر المعارف
Multidisciplinary	Multidisciplinaire	متضافر المعارف
Multilateral	Multilatéral	متعدد الاطراف
Multilingual	Multilingue	متعدد اللغات
Multilingual	Plurilingue (= multilingue)	متعدد اللغات
Multilingualism	Plurilinguisme	تعدد اللغات
Multilinguism	(= plurilinguistique) Multilinguisme	تعدد اللغات
Multiple	Multiple	متكاثر
Multiplicity	Multiplicité	تكاثر
Multisystem	Plurisystème	تعدد النظام
Muscular looseness	Relâchement musculaire	ارتخاء عضلي
Musical	Musical	موسيقي

Musical accent	Accent musical	نبر موسيقي
Musicality	Musicalité	موسيقية
Mutability	Mutablité	تبادل / قابلية التغير
Mutation	Métaphonie	تجانس
Mutation	Mutation	انقلاب
Mutation	Lautverschiebung (=mutation)	انقلاب
Mute	Muet (son)	مغلق (صوت) / صامت
Mutilation	Mutilation	قطع
Mygraph	Myographe	راسم عضلي
Mygraphy	Myographie	رسم عضلي
Myoclastic	Myo-élastique	متمطط عضلي
Myoclasticity	Myo-élasticité	تمطط عضلي
Myth	Mythe	اسطورة
Mythologic	Mythologique	اسطوري

N

Naked	Nu	عار
Narration	Narration	سرد
Narrative	Narratif	سردي
Narrativity	Narrativité	سردية
Narrator	Narrateur	راو
Nasal	Nasal	خيشومي
Nasal cavity	Cavité nasale	
Nasal cavity	Fosses nasales	تجويف الأنف
Nasal pronunciation	Nasillement	خيشومية
Nasalisation	Nasalisation	اضفاء الخيشومية
Nasalisation	Nasalisation	ادغم بالغنة
Nasalise	Nasalisé	اغن
Nasality	Nasalité	غنة
Native	Natif	سليقي
Native (speaker)	Natif (locuteur)	بالمنشا (متحدث)
Natural	Naturel	طبيعي
Natural selection	Sélection naturelle	انتقاء طبيعي
Naturally	Nature (par)	بالطبع
Nature	Nature	طبيعة
Naurratology	Narratologie	مسردية
Necessary	Nécessaire	واجب
Negation	Négation	نفي
Negation adverb	Adverbe de négation	ظرف النفي
Negative	Négatif	سلبي

Negative	Négatif	منفي
Negative charge	Charge négative	شحنة سالبة
Neologic	Néologique	اصطلاحي
Neologies	Néologique (science)	علم المصطلح
Neologism	Néologisme	مبتكر / مولود في اللغة
Neologism of form	Néologisme de forme	مبتكر لفظي
Neologism of meaning	Néologisme de sens	مبتكر معنوي
Neology	Néologie	اصطلاحية
Neology	Néologie	وضع المصطلح
Nervous system	Système nerveux	جهاز عصبي
Net, clean	Net	نقي
Network	Réseau	شبكة
Neurolinguistic	Neurolinguistique (adj.)	لساني عصبي
Neurolinguistics	Neuro linguistique (n.)	لسانيات عصبية
Neurosemantic	Neurosémantique	عصبي دلالي
Neurotic	Nérrose	عصاب
Neuter	Neutre	محايد
Neutralisable	Neutralisable	متحييد
Neutralisation	Neutralisation	تحييد
Neutralisation of oppositions	Neutralisation des oppositions	الغاء المتقابلات
Neutralise	Neutralisé	محيد
New Greek	Néo-grec	اليونانية الحديثة
New-grammarians	Néo-grammairiens	نحاة محدوثون

Noble (language)	Noble (langage)	شريفة لغة
Noisy	Bruyant	ضجيجي
Nomenclature	Nomenclature	تثبت اصطلاحي
Nominal	Nominal	اسمي
Nominal aphasia	Aphasie nominale	حبسة اسمية
Nominal sentence	Phrase nominale	جملة اسمية
Nominal syntagm	Syntagme nominal (= SN)	منظم اسمي (=م أ)
Nominalisation	Nominalisation	تمحيض اسمي
Nominative	Nominatif (adj.)	عيني
Non-differential dialect	Dialecte non différentiel	لهجة غير فارقة
Non-emphatic	Non-emphatique	غير مفخم
Non-functional	Non-fonctionnel	غير وظيفي
Nongrammaticality of the phrase	Agrammaticalité de la phrase	لانحوية الجملة
Nonsemantic	Asémantique	لا دلالي
Nonsense	Verbomanie (= logorrhée)	هذر
Norm	Norme	معيار
Normal usage	Usage normal	استعمال عادي
Normalisation	Normalisation	تسوية
Normalise	Normalisé	مسوى
Normalization principle	Principe de normalisation	مبدأ التسوية
Normative	Normatif	معياري
Normative grammar	Grammaire normative	نحو معياري

Normative phonetics	Phonétique normative	صوتيات معيارية
Normative science	Sience normative	علم معياري
Norwegian	Norvégien	النرفيجية
Notation	Notation	اعجام / ترقيم
Notional	Notionnel	مضموني
Noun	Nom	اسم
Novel	Nouvelle	اقصوصة
Novel	Roman	قصة
Novelist	Romancier	قصاص
Novelistic	Romanesque	قصصي
Nuance	Nuance	فارق
Nubian	Nubien	النوبية
Nuclear	Nucléaire	نووي
Nuclear sentence	Phrase nucléaire	جملة
Nucleus	Nucléus	نواة الاساس / محور التركيب
Nuclues sentence	Phrase-noyau	جملة نواة
Nuclues sentence	Phrase-noyau (= phrasenucléaire)	جملة نووية
Nuclues sentence	Phrase noyaux	جمل نوى
Number	Nombre	عدد
Number agreement	Accord de nombre	تساوق العدد
Numeral	Numéral	تعدادي
Numerical coefficient	Coefficient numérique	مُعامِل عدديّ
Nuniation	Nounation	تنوين

O

Object	Objet	موضوع
Object	Objet (synt.)	منظم محول
Object	Objet (complément d'	مفعول
Objectivation	Objectivation	توضيع
Objective	Objectif	مفعول المصدر
Objective genitive	Génitif objectif	اضافة المصدر الى مفعوله
Obligatory	Obligatoire	وجوبي
Obligatory rule	Règle obligatoire	قاعدة ضرورية
Oblique	Oblique	مائل
Oblivion, self-forgetfulness	Oubli	نسيان
Obscure, vague, hazy	Nébuleux (discours)	سديم (خطاب)
Obstacle	Obstacle	حاجز
Occlusion	Occlusion	شدة
Occlusion	Occlusion	انسداد
Occlusive	Occlusif	شديد
Occlusive	Occlusif	انسدادي
Occurent	Occurent	متوارد
Occurrence	Occurrence	توارد
Oceanic	Océanien	الاقيانية
Oesophagus	Œsophage	بلعوم
One-self	Soi-même	بذاته
Onomastic	Onomastique	اسمائية

Ontological	Ontologique	اني
Ontology	Ontologie	انية
Opacity	Opacité	عتامة
Opaque	Opaque	عاتم
Open list	Listeouverte	قائمة متفتحة
Open syllable	Syllabe ouverte	مقطع منفتح
Open vowel	Ouverte (voyelle)	منفرجة (حركة)
Open vowel	Voyelle ouverte	حركة منفتحة
Opening of larynx	Ouverture du larynx	فتحة المزمار
Operant	Opérant	فعول
Operational	Opérationnel	اجرائي
Operative	Opératoire	فعال
Operative (time)	Opératif (temps)	تحقيقي (زمن)
Operative conditioning	Conditionnement apérant	تكييف فَعول
Operator	Opérateur	انجازي
Opinion	Opinion	راي
Opponent	Opposant	مناوئ
Opposite	Opposé	مقابل
Opposite pairs	Paires opposés	ازواج متقابلة
Opposites	Inverses (dictionnaire)	عكسي (قاموس)
Opposition of contrary terms	Antonymie	تضادّ
Opposition to mentality	Antimentalisme	لا ذهنية
Oppositive	Oppositif	متقابل

Oppositive	Opposition	تقابل
Oral	Oral	شفوي
Order	Ordre	نسق
Order of discourse	Ordres du discours	انساق الخطاب
Order of words	Ordre des mots	ترتيب الالفاظ
Ordinal	Ordinal	رتبي
Ordinary usage	Usage ordinaire	استعمال دارج
Organ	Organe	عضو
Organic	Organique	عضوي
Organisation	Organisation (n.a.)	تنظيم
Organisation	Organisation (sub.)	انتظام
Organism	Organicisme	عضوانية
Organism	Organisme	كيان عضوي
Organs of	Organes de la phonation	اعضاء التصويت
Organs of articulation	Organes de l'articulation	اعضاء النطق
Oriented	Orienté	موجة
Orthography	Orthographe	رسم
Oscillograph	Oscillographe	راسم ذبذبي
Out of language	Fait de langue	حدث اللغة
Out of speech	Fait de la parole	حدث الكلام
Output	Output	محصل
Outstanding/remarkable	Marquant	محايز
Overt	Ouvert	مفتوح
Oxymora	Oxymoron (= oxymore)	ضديدة
Oxytone	Oxyton	نبر ختامي

P

Pahlavi	Pahlavi	البهلوية
Pair	Paire	زوج
Palatal	Palatal	حنكي
Palatalisation	Palatalisation	تغوير
Palatalised	Palatalisé	مغور
Palate	Palais	حنك
Palatine	Palatin	غاري
Palato-alveolar	Palato-alvéolaire	اثوي حنكي
Palatogram	Palatogramme	رسم حنكي
Palatography	Palatographie	تحنيك
Paleontology	Palénotologie	احاثية
Parabola	Parabole	خط بياني
Paradigm	Paradigme	جدول / صيغة التصريف
Paradigmatic	Paradigmatique	جدولي
Paradigmatic axis	Axe paradigamatique	محور جدولي
Paradox	Paradox	مناقضة
Paradoxical	Paradoxal	مناقض
Paragrammation	Paragrammatisme	فقدان النظمية
Paragraph	Paragraphe	فقرة
Paralinguistic	Paralinguistique	ايمائي
Parallel verbalization	Verbalisation parallèle	فعلية متلازمة
Parallelism	Parallélisme	تواز
Paraphrase	Paraphrase	ترديد / تأويل

Paraphrastic	Paraphrastique	ترديدي
Parasite	Parasite (son)	طفيلي (صوت)
Parasynthetic	Parasynthétique (mot)	زوائدي (لفظ)
Parenthesis	Parenthèses	قوسان
Parenthetisation	Parenthétisation	تقويس
Parisyllabic	Parisyllabique	متساوي المقاطع
Paronym	Paronyme	مجانس غير تام
Part	Partie	جزء
Partial	Partiel	جزئي
Partial assimilation	Assimilation partielle	تقريب
Participant	Participant	مشارك
Participial	Participe (participial)	فاعل الحالية
Particle	Particule	اداة
Particular grammar	Grammaire particulière	نحو خاص
Partitive	Partitif (adj.)	تبعيضي
Partitive article	Article partitif	مخصص التبعيض
Parts of speech	Parties du discours	اقسام الكلام
Passive	Passif	مفعول
Passive form	Passive (forme)	صيغة القابلية
Passive transformation	Transformation passive	تحويل سلبي
Passive voice	Passive (voix)	مبني للمجهول
Passive voice	Voix passive	مبني للمجهول
Past	Passé	ماض

Past participle	Participe passé	مصدر المفعولية
Pasticle	Pastiche	معارضة
Pathological	Pathologique	مرضي
Pattern	Pattern	منوال
Pattern	Schème (= pattern)	منوال
Pattern model	Modèle	مثال
Pause	Pause	وقف
Pedagolingcuisties	Pédagolinguistique (n.)	لسانيات تربوية
Pejirative	Péjoratif	تهجيني
Pejoration	Péjoration	تهجين
Pejorative charge	Charge péjorative	شحنة تهجين
Penultimate	Pénultième	مقطع قبل الاخير
Perceptability	Perceptibilité	ادراكية
Peregrination	Pérégrinisme	مقتبس
Perfect	Achevé	تام
Perfect	Parfait (= accompli)	منجز
Perfect	Perfectum	صيغة الانجاز
Perfective	Perfectif (= accompli)	منجز
Performance	Performance	انجاز
Performative	Performatif	مناجز
Period	Période	دورة
Period sentence	Période	جملة دورية
Periodic	Périodique	ادواري
Periphrasis	Périphrase (rhé.)	تورية
Periphrasis, periphrase	Périphrase (synt.)	تعبير تحليلي

Periphrasis, periphrase	Périphrase (sty.)	تعريض
Periphrastic	Périphrastique	تعريضي
Permanence	Permanence	دوام
Permanent	Permanent	دائم
Permissive	Permissif	تجويزي
Permutable	Permutable	استعاضي
Permutation	Permutation (= alternance)	تناوب
Permutations	Permutations	تقليبات
Permutative	Permutatif	تناوبي
Persian	Persan	الفارسية
Person	Personne	ضمير
Person	Personne	شخص
Personal pronoun	Pronom personnel	ضمير عيني
Personalism	Personnalisme	شخصانية
Personification	Personnification	تجسيم
Pertinence	Pertinence	افادة
Pertinent	Pertinent	مفيد
Pertinent charge	Charge pertinente	شحنة مميزة
Pertinent feature	Trait pertinent	سمة مفيدة
Pharynx	Pharynx	ادنى الحلق
Phatic function	Fonction phatique	وظيفة انتباهية
Phencmercon	Phénomène	ظاهرة
Phenician	Phénicien	الفينيقية
Phenomenological	Phénoménologique	ظواهري
Phenomenology of language	Phénoménologie du langage	ظواهرية اللغة

Philological	Philologique	فقه لغوي
Philosophy of language	Philosophie du langage	الفلسفة اللغوية
Phoneme	Phonème	صوتم
Phonemic	Phonémique (= phonematique)	صواتمي
Phonetic	Phonétique (adj.)	صوتي
Phonetic	Logogramme phonétique	رسم صوتي
Phonetic alphabet	Alphabet phonétique	أبجدية صوتية
Phonetic apporation	Appareil phonataire	جهاز التصويت
Phonetic hormony	Harmonie phonétique	انسجام صوتي
Phonetic law	Loiphonetique	قانون صوتي
Phonetic triad	Triade phonétique	ثالوث صوتي
Phonetic writing	Écriture phonétique	كتابة صوتية
Phonetician	Phonéticien	اصواتي
Phonetics	Phonétique (n.)	صوتيان
Phonic	Phonique	تصويتي
Phonic complex	Complexe phonique	عنقود صوتي
Phonological	Phonologique	صوتمي
Phonological integration	Intégration phonologique	اندماج صوتي
Phonological lengthening	Allongement phonologique	مدّ صوتمي

Phonoraghy	Phonographie	تسجيل الصوت
Phonostylistic	Phonostylistique (adj.)	اسلوبي صوتي
Phonostylistics	Phonostylistique (n.)	اسلوبية صوتية
Phrase	Locution	عبارة
Phrase grammaticality	Grammaticalité de la phrase	نحوية الجملة
Phraseology	Phraséologie	تركيب نوعي
Phrases adjunction	Adjoints de phrases	مساعدات الجمل
Physiological	Physiologique	فسلجي
Physiology	Physiologie	فسلجة
Pitch	Pitch	مكاثفة
Place	Place	موضع
Platographic	Palatographique	تحنيكي
Plural	Pluriel	جمع
Pluralilg	Pluralité (là)	الجمع
Poetic	Poétique (adj.)	انشائي
Poetic function	Fonction poètique	وظيفة انشائية
Poetic, poetical	Poétique	شعري
Poetical act	Acte poétique	فعل شعري
Poetics	Poétique (n.)	انشائية
Point	Point	نقطة
Point of articulation	Point d'articulation	مخرج
Point of exclamation	Point d'exclamation	نقطة تعجب
Point of interrogation	Point d'interrogation	نقطة استفهام

Point of stress	Appui (point d')	نقطة الاعتماد
Point of suspension	Points de suspension	نقطة تتابع
Point of the langue	Pointe de la langue	طرف اللسان
Polarization	Polarisation	استقطاب
Polish	Polonais	البولونية
Polyglot	Polyglotte	متعدد الالسنة
Polyglotism	Polyglattisme	تعدد الالسنة
Polysyllabic	Polysyllabe	متعدد المقاطع
Polysyllabic	Polysyllabique (= polysyllabe)	متعدد المقاطع
Polysystematic	Polysystémique	متعدد الانظمة
Popular, common	Populaire (forme)	طبيعية (صيغة)
Popular, familiar	Populaire (étymologie)	جمعي (اشتقاق)
Portuguese	Portugaus	البرتغالية
Positche (element)	Postiche (élément)	احلالي (عنصر)
Positive	Positif	موجب
Positive	Position	موقع
Positive charge	Charge positive	شحنة موجبة
Positivism	Positivisme	وضعية
Positivity	Positiviste	وضعي
Possession	Possession	تملك
Possessive	Possessif	تملكي
Possessor	Possesseur	مالك
Possibility	Possibilité	امكان
Possible	Possible	ممكن
Post velar	Post-vélaire	لهوي خلفي

Postalveolar	Postalvéolaire	لثوي حنكي
Postdorsal	Postdorsal	ظهري خلفي
Posterior	Postérieur	خلفي
Posterior vowel	Voyelle pastérieure	حركة خلفية
Postposition	Postposition	ارداف
Postulate	Postulate	مصادرة
Postulation	Postulation	تسليم
Potential	Potentiel	كامن
Potentiality	Potentialité	كمون
Power, force	Puissance	قوة
Powerful	Puissant	قوي
Practical	Pratique (adj.)	عملي
Practical wisdom	Sagesse pratique	حكمة عملية
Practice	Pratique (n.)	ممارسة
Praetexta	Pretexte	تعلة
Pragmatic	Pragmatique (adj.)	ذرائعي
Pragmatics	Pragmatique (n.)	ذرائعية
Praise	Louange	ثناء
Precarious, insecure	Caduc	حذيف
Precis	Précis	دقيق
Precision	Précision	دقة
Predicate	Prédicat	محمول
Predicate	Prédicat	مسند
Predication	Prédication	حمل
Predicative	Prédicatif	حملي
Predicative	Prédicatif	اسنادي
Predicative kernel	Noyau prédicatif	نواة اسنادية
Predictive	Prédictif	استصعابي

Predisposition	Prédisposition	استعداد اولي
Predominant	Prédominant	غالب
Predominant function	Fonction prédominante	وظيفة غالبة
Prefix	Préfixe	سابقة
Prefixation	Préfixation	اسباق
Premises	Prémisses	مقدمات
Prepalatal	Prépalatal	نطعي
Preposition	Préposition	حرف معنى
Prepositional	Prépositionnel (= prepositif)	مسبوق بحرف
Prepositions	Prépositions	حروف المعاني
Prepositive	Prépositif	مسبوق بحرف
Prescriptive	Prescriptif	تقنيني
Presence of an absance	Présence d'une absence	شاهد عن غائب
Present	Présent	حاضر
Present participle	Participe présent	مصدر الفاعلية
Presentation	Présentation	تقديم
Presentative	Présentatif	تقديمي
Pressure	Pression	ضغط
Presuppose	Présupposé	مقرض
Presupposition	Présupposition	افتراض
Presuppositions of language	Présupposés du langage	مفترضات اللغة
Preterit	Prétérit	مضيء
Preterition	Prétérition	قول مراوغ
Pretext	Pré-texte	نشوء النص

Previsibility	Prévisibilité	توقعية
Primary	Primaire	ابتدائي
Primary (meaning)	Premier (sens)	اولي (معنى)
Primary articulation	Premiére articulation	التقطيع الأول
Primary phoneme	Phonème primaire	صوتم اساسي
Primitive	Primitif	بدائي
Principal	Principal	اساسي
Principal accent	Accent principal	نبر أساسي
Principal sentence	Phrase principale	جملة اصيلة
Principle of evidence	Principe d'évidence	مبدا البداهة
Principle of evidence	Principe d'exhaustivité	مبدأ الاستقصاء
Probabilistic	Probabilisté	احتملي
Probability	Probabilité	احتمال
Probable	Probable	محتمل
Problem	Problématique (n.)	اشكال
Problematic	Problématique (adj.)	اشكالي
Procedure	Procédure	توسل
Production	Production	انتاج
Productivity	Productivité	انتاجية
Profound (structure)	Profonde (structure)	عميقة (بنية)
Progressive	Progressif	متدرج
Progressive assimilation	Assimilation progressive	إدغام تقدمي
Projection	Projection	اسقاط

Projective	Projectif	اسقاطي
Prolongation, protraction	Prolongation	تمديد
Prolotype	Prototype	نموذج الاصل
Pronominal	Pronominal	ضميري
Pronominalisation	Pronominalisation	تضمير
Pronoun	Personnel (pronom)	تصريفي (ضمير)
Pronoun	Pronom	ضمير
Pronoun agreement	Accord de personne	تساوق الضمائر
Pronounced	Prononcé	مقول
Pronunciation	Prononciation	تلفظ
Proper noun	Nom propre	اسم علم
Proper noun	Propre (nom)	اسم علم
Proportional	Proportionnel	متناسب
Proposition	Proposition	جملة صغرى
Proposition	Proposition	قول / جملة
Prosodic	Prosodique	نغمي
Prosody	Prosodie	نغمية
Prosthetic vowel	Voyelle prothétique	حركة الوصل البدئي
Protractile	Protracté	مستطا
Protraction	Protraction	استطالة
Proverb	Proverbe	مثل
Proximity	Proximité	اشارة للقريب
Prussian	Prussien	البروسية
Pseudo-intransitive	Pseudo-intransitif (= inverse)	متعدد ولازم

Psychic	Psychique	نفساني
Psycho-acoustic	Psycho-acoustique (adj.)	نفسي سمعي
Psycho-acustics	Psycho-acoustique (n.)	سمعيات نفسية
Psychoanalysis	Psychanalyse	تحليل نفسي
Psychocriticism	Psychocritique	نقد نفساني
Psycholinguistic	Psycholinguistique (adj.)	لساني نفسي
Psycho-linguistic effect	Effet psycho-linguistique	وقع نفساني لغوي
Psycholinguistics	Psycholinguistique (n.)	لسانيات نفسية
Psychological	Psychologique	نفسي
Psychological mechanisms	Mécanismes psychologiquesq	الانيات نفسية
Psychological response	Réponse psychologique	استجابة نفسية
Psychophonetics	Psychophonétique	صوتيات نفسية
Psychosemiology	Psychosémiologie	نظامية علامية
Psycho-systematic	Psychosystématique (adj.)	نظامي نفسي
Pun	Calembour	تورية جناسيّة
Punctual	Ponctuel (aspect)	حوزي (مظهر)
Punctuation	Ponctuation	تنقيط
Punic	Punique	القرطاجنية
Pure reason	Raison pure	عقل محض
Pure sentence	Phrase pure	جملة
Purism	Purisme	صفوية

Q

Quadrangular/four-angled	Quadrangulaire (système vocalique)	رباعي (نظام حركي)
Qualificative	Qualificatif	نعت
Qualified	Qualifié	منعوت
Qualitative adjective	Adjectif qualificatif	نعت
Quality	Qualité	كيفية
Quantification	Quantification	تكميم / كمية
Quantifier	Quantifier	كمم
Quantitative	Quantitatif	كمي
Quantity	Quantité	كمية
Questionnaire	Questionnaire	استبانة

R

Radical	Radical (n.)	اصلي
Radical	Radical (= uvulaire)	طبقي
Rank	Rang	مرتبة - رتبة
Rational	Rationnel	عقلاني
Rational acquisition	Acquisition rationnelle	اكتساب بالرؤية
Rationalism	Rationalisme	عقلانية
Rationalization	Rationalisation	عقلنة
Reaction	Réaction	رد فعل
Real	Réel (adj.)	حقيقي
Real adjective	Adjectif au positif	نعت محض
Real existence	Existence réelle	وجود حقيقي
Realia	Realia	تمثيل بالصورة
Realism	Réalisme	واقعية
Reality	Réel (n.)	واقع
Realization	Réalisation	احداث
Realize	Réalise	منجز
Reason	Raison	عقل
Reasonable	Raisonnable	استدلالي
Reasoning	Raisonnement	استدلال
Rebus	Rébus	تشكيل رمزي
Recategorization	Recatégorisation	تجنيس
Receiver	Récepteur	متقبل - متلقي
Reception	Reception	تقبل

Receptionalism	Réceptionnalisme	استقبالية
Receptive	Réceptif	التقاطي
Receptivity	Réceptivité	قابلية
Reciprocal	Réciproque	متبادل
Reciprocal influence	Influence réciproque	تاثير متبادل
Reciprocity	Réciprocité	تبادلية
Recital	Récit	رواية
Recognitive	Recognitif	اعترافي
Reconstruction	Reconstruction	ترسيس
Recursive	Récursif	ترددادي
Reduction	Réduction	تقليص
Reduplication	Réduplication	تكرار
Refer	Réfère	محال عليه
Reference	Référence	احالة - مرجع
Referent	Référent	مرجع
Referential	Cognitif (= référentiel)	مرجعيّ
Referential	Référentiel	مرجعي
Referential function	Fonction référentielle	وظيفة مرجعية
Reflecting	Réflecteur	عاكس
Reflection	Réflexion	روية
Reflective verb	Acte réflexe	فعل منعكس
Reflexive	Réflechie (forme)	صيغة المطاوعة
Reflexive	Réflexif	انعكاسي
Reflexive circle	Cercle réflexif	دائرة انعكاسية
Reflexivity	Réflexivite	انعكاسية

Reformation	Réforme	تهذيب
Reformed	Réformé	مهذب
Reformulation	Reformulation (= paraphrase)	ترديد
Reformulation	Rewording (= reformulation)	ترديد
Regional dialect	Dialecte régional	لهجة جهوية
Regional dialect	Régional (dialecte)	جهوية (لهجة)
Register	Registre	سجل
Registered	Inscripteur	مدون
Registration	Inscription	تدوين
Regressive	Régressif	رجعي
Regressive assimilation	Assimilation régressive	إدغام تأخري
Regroupment	Regroupement	تجميع
Regular	Regulier	مطرد
Regular plural	Pluriel régulier	جمع سالم
Regular verb	Verbe régulier	فعل قياسي
Regularity	Régularité	اطراد
Reinforcement	Renforcement	تعزيز
Relarised	Vétarisé	مطبق
Relation	Relation	علاقة
Relation	Relation	ارتباط
Relation ratio	Relation	نسبة
relational	Relationnel	علائقي
Relational adjective	Adjectif relationnel	نعت النسبة
Relative	Relatif	تبيع
Relative	Relative (proposition)	موصولة (جملة)

Relative (criterion)	Relatif (critère)	نسبي (مقياس)
Relative (noun)	Relatif (pronom)	موصول (اسم)
Relative (syntagm)	Relatif (syntagme)	مضاف (منظم)
Relative accusative	Accusatif de relation	مفعول النسبة
Relative arbitrariness	Arbitrarie relatif	اعتباط نسبي
Relative pronoun	Pronom relatif	اسم موصول
Relative proportion	Proportion relative	تناسب طردي
Relative superlative	Superlatif relatif (= élatif)	تفضيل نسبي
Relativism	Relationnisme	علائقية
Relativity of norms	Relativité des normes	نسبة المعايير
Relativization	Relativisation	تعليق اتباعي
Relaxing	Relâché (= lâche)	ارتخائي
Reminiscence	Réminiscence	هجس
Remomoration	Remémoration	تذكر
Repetition	Répétition	اعادة
Repetition of a word in a different sense	Antanacdase	جناس دلاليّ
Representation	Représentation	تمثيل
Representative	Représentant	ممثل
Reproductive	Reproductible	متولد
Reproductivity	Reproductibilité	توليدية
Repulsion	Répulsion	منافرة
Resemblance	Ressemblance	تشبه
Resonance	Résonance	رنين
Resonator	Résonateur	مدو

Respective	Respective (transformation)	تحويل على التوالي
Response	Réponse	جواب
Respresentativity	Représentativité	تمثيلية
Restraint of air	Retenue de l'air	حبس الهواء
Restriction of meaning	Restiction du sens	تخصيص المعنى
Restrictive	Restrictif	حصري
Resultant	Résultante	حصيلة
Resultative aorist	Aoriste résultatif	مطلق غائي
Retention of sound	Rtention du son	احتباس الصوت
Reticence	Réticence	اكتفاء
Retraction	Rétraction	استدراك
Retroflex	Rétroflexe	التوائي
Retrospective	Rétrospectif	ارجاعي
Reunion	Réunion	اجتماع
Reversibility	Réversibilité	ارتداد
Reversible	Réversible	ارتدادي
Rhetoric	Rhétorique	بلاغة
Rhetoric figure	Figure rhétorique	صورة بلاغية
Rhetoric gradation	Gradation rhétorique	تدريج بلاغي
Rhyme	Rime	قافية
Rhythm	Rythme	ايقاع
Rhythmic	Rythmique	ايقاعي
Rhythmic accent	Accent rhythmique	نبر إيقاعي
Right	Droit	قويم
Rising tone	Ton montant	نغم مرتفع

Roman	Roman	الرومنية
Roman	Romanes (langues)	رومنية (لغات)
Romanian	Roumain	الرومانية
Root	Racine	اصل –جذر
Root	Racine	جذر
Root	Radix	ارومة
Root of the longue	Racine de la langue	ارومة اللسان
Round	Arrondi	مستدير
Round vowel	Voyelle arrondie	حركة مستديرة
Roundness	Arrondissement	تدوير
Ruffian of the Paris streets	Apache	الأباشية
Rule	Règle	قاعدة
Rule, regulation	Statut	قوام
Rupture	Rupture	انفصال
Russian	Russe	الروسية

S

Said/anncunced	Mande	منطوق منجز
Sample	Échantillon	عيِّنة
Samurais	Samourien	الساموربة
Sanskrit	Sanscrit (= sanskrit)	السنسكريتية
Saturation	Saturation (sty.)	تشبع
Scandal	Scandale (sty.)	شناعة
Schematization	Schématisation	تشكيل بياني
Scheme	Schéma	نمط
Schizophrenia	Schizophrénie	فصام
Scientism	Sientisme	علمانية
Scientist	Sientiste	علماني
Scriptural	Scriptural	كتابي
Scripture	Scripteur	خاط
Second person	Deuxiéme personne	ضمير المخاطب
Secondary	Secondaire	ثانوي
Secondary accent	Accent secondaire	نبر ثانوي
Secondary memory	Mémoire secodaire	ذاكرة ثانوية
Secondary phoneme	Phonème secondaire	صوتم ثانوي
Secretion	Sécrétion	افراز
Seductive	Séducteur	مغر
Segment	Segment	قطعة
Segment of discourse	Segmentdu discours	قطعة من الخطاب

Segment of uniting	Segment graphique	قطعة خطية
Segmental	Segmental	تقطيعي
Segmental phoneme	Phonème segmental	صوتم تقطيعي
Segmentation	Decoupage (=segmentation)	تقطيع
Segmentation	Segmentation	تقطيع
Seizure	Saisie (n.)	امساكة
Selection	Sélection	اختيار
Selection axis	Axe sélection	محور الاختيار
Selective	Sélectif	انتقائي
Self	Ego	قائل
Self-adjustment	Autoréglage	تعديل ذاتي
Self-educated, self-taught	Autodidacte	عصامي
Self-evaluation	Auto-évaluation	تثمين ذاتي
Self-observation	Autoscopie (= auto-observation)	ملاحظة ذاتية
Self-regulation	Autorégulation	تسوية ذاتية
Self-setting	Auto-enchâssement	أكتناف ذاتي
Semanalytic	Sémanalytique	علامي دلالي
Semansiology	Sémasiologie	دالية
Semantic	Logogramme sémantique	رسم دلالي
Semantic	Sémantique (adj.)	دلالي
Semantic agglomeration	Agglomérat sémantique	تكتل دلالي
Semantic aphasia	Aphasie sémanlique	حبسة دلالية

Semantic category	Catégorie sémantique	صنف دلالي
Semantic charge	Charge semantique	شحنة دلالية
Semantic escalation	Renchérissement sémantique	تصعيد دلالي
Semantic field	Champ sémantique	حقل دلالي
Semantic function	Fonction sémantique	وظيفة دلالية
Semantic interpretation	Interpretation sémantique	تأويل مدلولي
Semantic law	Canon sémantique	ناموس دلالي
Semantics	Sémantique (n.)	دلالية
Semantism	Sémantisme	مضمون دلالي
Semasiologic	Sémasiologique	دالي
Semi auxilary	Semi-auxilaire	شبه وسيط
Seminal	Seminal	بذري
Semiological	Sémiologique	علامي
Semiology	Séméologie (= sémiologie)	علامية
Semiotic	Sémiotique (adj.)	سيميائي
Semiotic language	Langage sémiotique	لغة علامية
Semioticians	Sémioticiens	علاميون
Semiotics	Sémiotique (n.)	سيميائية
Semitic	Sémitique	سامي
Semitism	Sémitique	السامية
Semivowel	Semi-voyelle	نصف حركة
Semi-vowels	Glide (= semi-voyelle)	نصف حركة

Sense	Sens	معنى
Senseless action	Action absurde	صنيع عبثي
Sensible	Sensé	محكم
Sensible existence	Existence snesible	وجود حسي
Sensorial	Sensoriel	حسي
Sensory aphasia	Aphasie sensorielle	حبسة حسيّة
Sensory correction	Correction sensorielle	تصحيح حسيّ
Sentence	Phrase	جملة
Sentence alexia	Alexie phrastique	عمى الجمل
Sentence stress	Accent delaphrase	نبر الجملة
Sentimentality	Sentimentalité	وجدانية
Separable	Séparable (= isolable)	تفردي
Separation	Séparation	مفاصلة
Sequence	Enchaînement	تتابع
Sequence	Enchaînement	تتابع
Sequence	Séquence	وصلة
Sequential	Séguentiel	تسلسلي
Series	Série	سلسلة
Setting, enshrining	Enchâssement	اكتناف /انصهار
Shading the vowel	Soupçon de voyelle	اشمام الحركة
Shape	Forme (= contenu)	مبنى(=/معنى)
Shifting	Déplacement (n.a.)	نقل
Shifting	Déplacement (sub.)	إنتقال
Short (sound)	Bref (son)	قصير (صوت)
Short (vowel)	Bréve (voyelle)	قصيرة (حركة)
Short syllable	Syllabe brève	مقطع قصير

Short vowel	Voyelle brève	حركة قصيرة
Showing oneself	Vouloir-paraître	تضاهر
Showing oneself	Voyelle	حركة / الصائت
Siamese	Siamois	السامية
Sibilant	Sifflant	صفيري
Siglas	Sigles	فواتح
Sigmatism	Sigmatisme (sty.)	محاكاة صفيرية
Sign	Signe	علامة
Sign arbitrariness	Arbitraire du signe	اعتباطية الدليل اللغوي
Signal	Signal	اشارة
Signalisation	Signalisation	تأشير
Significance	Signifiance	ادلال
Significant	Signifiant	دال
Signification	Signification	دلالة
Significative	Significatif	اعتباري
Significator	Significateur	مدل
Significatory	Significataire	مدلول له
Similar	Semblable	شبيه
Simple	Simple	بسيط
Simple expression	Expression simple	تعبير بسيط
Simple sentence	Phrase simple	جملة بسيطة
Simple usage	Usage naïf	استعمال ساذج
Simple vowel	Voyelle simple	حركة بسيطة
Simplicity	Simplicité	بساطة
Simulation	Simulation	مخادعة
Simultaneity	Simultanéité	تواقت
Simultaneous	Simultané	متواقت
Simultaneous translation	Simultanée (traduction)	فورية (ترجمة)

Singular	Singulier	مفرد
Situational	Situationnel	ظرفي
Situational context	Contexte situationnel	مقام
Slav	Slave	السلافية
Slavonic	Slovaque	السلوفاكية
Slow	Lent	بطيء
Small print	Caractére	حرف خطّي
Smilitude	Similitude	مشابهة
So	Sociatif	مفعول المصاحبة
Sociability	Sociabilité	مؤانسة
Social dialect	Dialecte social	لهجة اجتماعية
Social egocentricism	Egocentrisme social	مركزية الذات الجماعية
Social function	Fonction sociale	وظيفة اجتماعية
Social institution	Institution sociale	مؤسسة اجتماعية
Sociolinguistic	Sociolinguistique (adj.)	لساني اجتماعي
Sociology of language	Sociologie du langage	اجتماعية اللغة
Sociolonguistics	Sociolinguistique (n.)	لسانيات اجتماعية
Soft	Doux	ليّن
Soft	Mou	لين
Softening	Adoucissement	تليين
Solecism	Solécisme	لحن
Solicitation	Sollicitation	استدراج
Solidarity	Solidarité	معاضدة
Sonant	Sonanté	مصوت

Sonanty of the text	Sonorité du texte	جرسية النص
Sonogram	Sonagramme	رسم الصوت
Sonograph	Sonagraphe	راسم الصوت
Sonor ons vocalics	Timbres vocaliques	اجراس الحركات
Sonorisation	Sonorisation	تجهيز
Sonority	Sonantisme	صائتية
Sonority	Sonorité	جهر
Sonorous	Senore	مجهور
Sonorous intensity	Intensité sonore	شدة صوتية
Sound	Phone (= son)	صوت
Sound	Son	صوت
Sound effects	Bruitage	تشويش
Source	Source	مصدر
Source-language	Langage-source	لغة المصدر
Space	Espace	مكان
Spanish	Espagnol	الأسبانية
Spatial	Spatial	مكاني
Spatio-temporal	Spatio-temporel	مكاني زمني
Speaker, locuter	Parleur (= locuteur)	متحدث
Speaking subject	Sujet parlant	متكلم
Specific	Spécifique	نوعي
Specific feature	Trait spécifique	سمة نوعية
Specifity	Spécificité	نوعية
Spectral	Spectral	طيفي
Spectrogram	Spectrogramme	رسم الطيف
Spectrometer	Spectromètre	مقياس الطيف
Spectrum, specter	Spectre	طيف

Speculative	Spéculatif	تخميني
Speech	Parole	كلام
Speech act	Acte de la parole	حدث الكلام
Speech, address	Allocution	مخاطبة
Speech, way of speaking	Parler (n.)	لهجة
Speed	Vitesse	سرعة
Speed/speediness	Rapidité	مسارعة
Speitography	Spectrographe	راسم الطيف
Spirant (word)	Spirante (consonne)	انسيابي (حرف)
Spiritual	Spirituel	روحاني
Spirituality	Spiritualité	روحانية
Spoken	Parlé	منطوق
Spontaneous acquisition	Acquisition spontanée	اكتساب تلقائي
Standard	Littéral (arabe)	فصحى
Standard	Standard	عيار
Standard Arabic	Arabe littéral	عربية فصيحة
Statement/expression	Énoncé	ملفوظ
Static	Statique	سكوني
Statism	Statisme	سكوني
Statistical	Statistique (adj.)	احصائي
Statistics	Statistique (n.)	احصائية
Steady, sober, sedate	Posé	مصرح
Stealthy, sly	Furtif	مختلس
Stereotype	Stéréotype	قالب مسكوك
Stereotype	Stéréotypé	مسكوكة

Stereotyped	Stéréotypé	مقولب
Stiff	Tendu	متوتر
Stimuli	Stimuli	منبهات
Stimulus	Stimulus	منه
Stipulated, appointed	Sous-entendu	مقدر
Story	Conte	حكاية
Stracturalist	Structuraliste	ينيوي
Stranger accent	Accent étranger	رطانة أعجمية
Stratification	Stratification	تنضيد
Stratificational	Stratificationnel	تنضيدي
Stratificationalist	Stratificationnaliste	منضد
Stratum, layer	Strate	منضدة
Strengthening	Affermissement	اشتداد
Stress	Stress	وقع
Stress accentual	Accent d'insistance	نبر التأكيد
Stress syllabe	Accent de syllabe	نبر مقطعي
Stressed	Accentué	منبر
Stretched vowel	Voyelle étirée	حركة منفرجة
Strident	Strident	صريري
Stroboscope	Stroboscope	مقياس ذبذبي
Strong	Fort	قوي
Structural	Structural	بنيوي
Structural	Structurel	بنائي
Structural analysis	Analyse structurelle	تحليل بنائي
Structural description	Description structurale	وصف بنيوي
Structural linguistics	Linguistique structurale	لسانيات بنيوية

Structural relations	Relations structurales	نسب بنيوية
Structural relations	Relations structurelles	نسب بنائية
Structuralisity	Structuraliste	تبنين
Structuralism	Structuralisme	بنيوية
Structuration	Structuration (n.a.)	بنينة
Structuration	Structuration (sub)	انشاء
Structure	Structure	بنية
Structures	Structures	بنى
Studying branches	Branches d'étude	أفنان دراسّية
Stumble syllable	Achoppement syllabique	تعثر مقطعي
Style	Style	اسلوب
Style meters	Stylomètres	بحور الاسلوب
Stylistic	Stylistique (adj.)	اسلوبي
Stylistic deviation	Déviation stylistique	إنحراف أسلوبي
Stylistics	Stylistique (n.)	اسلوبية
Stylization	Stylisation	اسلبة
Subaddress	Sous-adresse	موطن فرعي
Subcategorisation	Sous-catégorisation	تصنيف فرعي
Subcategory	Sous-catégorie	صنف فرعي
Subcode	Sous-code	نمط فرعي
Subfamily	Sous-famille	فصيلة قريبة
subject	Sujet	موضوع
Subject of the verb	Sujet du verbe	فاعل الفعل
Subjective	Subjectif	ذاتي

Subjective genitive	Génitif subjectif	اضافة المصدر الى فاعله
Subjectivity	Subjectivite	ذاتية
Subjunctive	Subjanctif	مضارع الطلب
Subjunctive	Subjanctif	صيغة الاقتضاء
Sublimation	Sublimation	اجلال
Sublime, lafty	Sublime	جليل
Subordinate	Incidente	أعتراضية
Subordinate	Subosdonné	متعلق
subordinating	Subordonnant	عالق
Subordinating conjunction	Conjonction de subordination	رابط تعليقي
Subordination	Subordination	تعليق
Subprogramme	Sous-programme	برنامج فرعي
Subsequent	Subséquent	تعاقبي
Substance	Substance	جوهر
Substance/essence	Forme (= substance)	صورة (=/ جوهر)
Substantive	Substantif	اسم موضوع
Substantive adjective	Adjectif substantivé	نعت الأسمية
Substantivity	Substantivé	ممحض للاسمية
Substitubility	Substituabilité	استبدال
Substitute	Substitut	بديل
Substituted	Vicariant	عوضي
Substitution	Substitution	احلال
Substitutive	Substitutif	استبدالي
Substratum	Substrat	بنية سفلى
Subtle	Subtile	لطيف

Subversion	Subversion (sty.)	اطاحة
Succession	Successivité	تعاقب
Successive	Successif	متعاقب
Sudanese	Soudanais	السودانية
Suffix	Suffixe	لاحقة
Suggestion	Suggestion	ايعاز
Suggestive	Suggestif	ايعازي
Suite	Muet (phonème)	صامت (صوتم)
Sumerian	Sumérien	سومرية
Summit	Sommet	قمة
Superanalytical	Superanalytique	فوق التحليلي
Superficial	Superficiel	سطحي
Superior form	Forme supérieure	الشكل الاسمي
Superior incisives	Incisives supérieures	ثنايا عليا
Superior levels	Niveaux supérieurs	مستويات عليا
Superlative	Superlatif	تفضيل
Superlative form	Superlative (forme)	صيغة (افعل)
Superposition	Superposition	تراكب
Superstratum	Superstrat	بنية عليا
Superstructure	Superstructure	بنية فوقية
Supersynthesis	Supersynthèse	تاليف فوقي
Supersynthetic	Supersynthétique	فوق التاليفي
Supersystem	Supersystème	نظام اعلى
Supplementary	Supplémentaire	اضافي
Suppletive	Supplétif	تكميلي
Support	Appui	إعتماد
Support	Support	محور الكلام

Supposed	Supposé	مفروض
Supposition	Supposition	افتراض
Supradental	Supradental	فوق اسنادي
Suprasegmental phoneme	Phonème suprasegmental	صوتم فوق المقطعي
Supreme wisdom	Sagesse suprême	حكمة بالغة
Surface	Surface	سطح
Surname	Patronyme	لقب ابوي
Suspense	Suspense	تشويق
Suspension	Suspension	تاجيل
Swahili	Swahili	السواحلية
Swedish	Suédois	السويدية
Syllabary	Syllabaire	ابجدية مقطعية
Syllabic	Syllabique	مقطعي
Syllabic structure	Structure syllabique	بنية مقطعية
Syllable	Syllabe	مقطع
Syllatation	Syllabation	تقسيم مقطعي
Syllepsis	Syllepse	مطابقة معنوية
Syllogism	Syllogisme	قياس منطقي
Syllogism	Syllogisme	مقياسية
Symbol	Symbole	رمز
Symbolism	Symbolisme	رمزية
Symbolization	Symbolisation	ترميز
Symbolize	Symbolisé	مرموز اليه
Symbols of symbols	Symbolisation des symboles	رموز الرموز
Symmetrical	Symétrique	متناظر

Symmetry	Symétrie	تناظر
Symptom	Symptôme	امارة
Synapsis	Synapsie	وحدة لفظية
synchronic	Synchronique	اني
Synchrony	Synchronie	انية
Syncopation	Syncopation	ترخيم وسطي
Syncope	Syncope	اسقاط
Syncretism	Syncrétisme	انطباق
Syndesis	Syndèse	توارد العطف
Synecdoche	Synecdoque	علاقة مجازية
Syneresis	Synérèse	توحيد مقطعي
Synonym	Synonyme	مرادف
Synonymy	Synonymie	ترادف
Syntactic	Syntaxique	تركيبي
Syntactic agreement	Accord syntaxique	تساوق تركيبي
Syntactic aphasia	Aphasie syntaxique	حبسة نحوية
Syntactic category	Catégorie syntascique	صنف تركيبي
Syntactic coordination	Coordination syntaxique	تنسيق تركيبي
Syntactic economy	Économie syntaxique	إقتصاد تركيبي
Syntactic function	Fonction syntaxique	وظيفة نحوية
Syntactic marker	Marker (synt.)	واسم بنائي
Syntactic pattern	Schème syntaxique	قالب تركيبي
Syntagm	Syntagme	نسق
Syntagmatic	Syntagmatique	نسقي

Syntagmatic axis	Axe syntagmatique	محور نسقي
Syntax	Syntaxe	تركيب
Synthesis	Synesthésie	تجميع الاحاسيس
Synthesis	Synthèse	تاليف
Synthetic	Synthétique	تاليفي
Syrian	Syriaque	السيرانية
System	Système	نظام
System of reference	Système de référence	نظام الاجالة
System of signs	Système des signes	نظام العلامات
Systematic	Systématique (adj.)	نظامي
Systematization	Systématisation	انظام

T

Table	Tableau	قائمة - جدول
Taboo	Tabou	محظور / الكلام المحرم
Tacit	Tacite	مضمر
Tacit contract	Contrat tacite	عقد مُضمر
Tagmeme	Tagmème	وقعية
Tagmemic	Tagmémique (adj.)	موقعي / تكميمة
Tagmemics	Tagmémique (n.)	موقعية / تكميم
Tahitian	Tabitien	التاهيتية
Talk, conversation	Propos (synt.)	خبز
Tamil	Tamil (= tamoul)	التامولية
Target language	Langue-cible	لغة المنصب
Target, adjective	But	غاية
Tatar	Tatar	التترية
Tautology	Tautologie	تحصيل حاصل
Taxeme	Taxème	مضاف
Taxemes	Taxèmes	مصانف
Taxonomic	Taxionomique	تضيفي
Taxonomy	Taxionomie	تصنيفية
Tchadiar	Tchadien	التشادية
Telescoping	Téléscopage	نحت لفظي
Temperament	Temperament	مزاج
Tempo	Tempo	سرعة النطق
Tendency	Tendance	نزعة
Tense	Temps	زمن
Tension	Tension	توتر

Term	Terme	مصطلح
Terminative	Égressif (=terminatif)	إنتهائي
Terminative	Terminatif	انتهائي
Terminologic	Terminologique	مصطلحي
Terminology	Terminologie	مصطلحية
Terminology formation	Formation terminologique	وضع المصطلحات
Test	Test	رائز / اختبار
tests	Tests	روائز / اختبارات
Tetraphthony	Tétraphtongue	حركة رباعية
Text	Texte	نص
Textological	Textologique	نصاني
Textual	Textuel	نصي
Textual function	Fonction textuelle	؟
Textuality	Textualite	نصية
The comparative	Comparatif (n.)	تشبيه
The demonstrative	Démonstratif (n.)	أسم إشارة
The esthetic	Esthétique (n.)	جمالية
The least effort	Moindre effort	لجهود ادنى
The whys	Comment (le)	الكيف
Thematic (adj.)	Thématique (adj.)	مضموني
Thematics	Thématique (n.)	مضمونية
Theme	Thème	مضمون
Theoretical	Théorique	نظري
Theoretical fundamentals	Fondements théorique	أصول مبدئية
Theoretical linguistics	Linguistique théorique	لسانيات نظرية

Theoretician	Théoricien	منظر
Theorism	Théoricisme	تنظيرية
Theorization	Théorisation	تنظير
Theory	Théorie	نظرية
Theory of	Théorie de l'information	نظرية الاخبار
Theory of	Théorie de la connaissance	نظرية المعرفة
Theory of	Théorie de l'entendement	نظرية الاداك
Therapeutic	Thérapeutique (adj.)	علاجي
Therapy	Thérapeutique (n.)	علاج
Thesis, proposition	Thèse	قضية
thin	Tenu	رقيق
Thinking	Pensant	مفكر
Thinking substance	Substance pensante	جوهر مفكر
Tibetan	Tibétain	التبتية
Tied, bound	Lié	مرتبط
Tilde	Tilde	علامة الغنة
Tmesis	Tmèse	فصل المتضامين
To be an apprentice	Apprentissage (sub.)	تدرّب
To be apprehensive	Appréhendé	مدرك
To be in the forefront	Vedette (mot)	قاطب (لفظ)
To goven	Régir	حكم
To mark	Marquer	وسم
To murmur	Murmurer	تمتم

To organize	Organiser (s')	انتظم
To polarize	Polariser	استقطب
To rationalize	Rationaliser	عقلن
To signify	Signifier	دل
To speak, to talk	Parler (v.)	تكلم
To synthesize	Synthétiseur	مؤلف
To vibrate	Vibrer	نز
Tonal	Tonal	انغامي
Tonality	Tonalité	نغمة
Tone	Ton	نغم
Tone accent	Accent tonal	نبر إنغامي
tongue	Langue	لسان
Tonic	Tonique	تنغيمي
Tonic accent	Accent tonique	نبر تنغيمي
Tooth	Dent	سنّ
Topicalisation	Topicalisation	مداري
Topologic	Topologique	صنافي
Topology	Topologie	صنافة
Toponymic	Toponymique	مواقعي
Toponymy	Toponymie (= toponomastique)	مواقعية
Total assimilation	Assimilation totale	إدغام كلي
Total, entire	Total	جامع
Toxtology	Textologie	نصانية
Trachea	Trachée	مزمار
Trait/feature	Trait	سمة
Transcendence	Transcendance	تسام
Transcendent	Transcendant	متسام

Transcription	Transcription	كتابة صوتية
Transcriptor	Transcripteur	راسم
Transfer	Transfert	احالة
Transformation	Participiale (transformation)	فاعلي حالي (تحويل)
Transformation	Transformation (na.)	تحويل
Transformation	Transformation (sub.)	يحول
Transformational	Transformationnel	تحويلي
Transformational action	Action transformationnelle	عمل تحويلي
Transformational addition	Addition transformationnelle	جمع تحويلي
Transformational linguistics	Linguistique transformationnelle	لسانيات تحويلية
Transformationist	Transformationniste	احالي
Transgression	Transgression (sty.)	خرق
Transition	Transition	انتقال
Transitional	Transitoire	انتقالي
Transitive	Transitif	متعد
Transitive actant	Actant de transitivité	مُفاعل التعدية
Transitivity	Transitivité	تعدية

Translate	Traduire	ترجم
Translation	Traduction	ترجمة
Translation	Translation	عبور
Translative	Translatif (adj.)	صيروري
Transliteration	Translitteration	استنساخ
Transmission	Transmission	ارسال
Transmitting	Transmetteur	ناقل
Transparency of discourse	Transparence du discours	شفافية الخطاب
Transposition	Interversion (= métathèse)	تبادل
Transposition	Transposition	مناقلة
Treasure	Trésor	كنز
Trial, test	Essai	محاولة
Triangular	Triangulaire	ثلاثي
Tripthong	Triphtongue	حركة مثلثة
Trivial, vulgar	Trivial	بذئ
Trope	Trope	صورة مجازية
Tunatic	Aliéné	مستلب
Turkish	Turc	التركية
Turkmen	Turcoman	التركمانية
Tuscany	Toscan	التسكانية
Twin, mixed	Géminé	مضعف
Type	Mode (n.m.)	ضرب
Type	Type	نموذج
Typical	Typique	نموذجي
Typological	Typologique	نماذجي
Typology	Typologie	نماذجية

U

Ultra long	Ultra-long	طويل للغاية
Ultra-brief	Ultra-bref	قصير للغاية
Umlaut	Umlaut (= inflexion)	امالة
Unacceptability	Inacceptabilité	لامقبولية
Unacceptable	Inacceptable	غير مقبول
Unaccomplished	Inaccompli (= imperfectif)	صائر
Unanimate	Non-animé	جماد
Unclaimed	Sous-jacent	مستتر
Unconditioned	Inconditonné	غير مقيد
Unconscious acquisition	Acquisition inconsciente	اكتساب غير واع
Unfinished	Inachevé	مبتور
Unidimensional	Unidimensionnel	احادي البعد
Unidimensionality	Unidimensionnalité	احادية البعد
Unification	Unification	توحد
Unilateral	Unilatéral	احادي المنحى
Unilingual	Unilingue	وحيد اللسان
Unintelligible	Inintelligible	مستغلق
Union	Union	اتحاد
Unit	Unité	وحدة
Unitarian	Unitaire	توحيدي
United tone	Ton uni	نغم متحد

Unity of discourse	Unité du discours	وحدة القول
Unity of discourse	Unité de discours	عمومية القول
Univalence/univalency	Univalence	فردية الدلالة
Univalent	Univalent	فريد الدلالة
Universal	Universel	كوني
Universal grammar	Grammaire universelle	نحو عام
Universality	Universalité	كونية
Universals	Universaux	كليات
Universe	Univers	كون
Unreal	Irréel	وهمي
Unstable	Instable	متقلب
Unstressed	Inaccentué	غير منبر
Unstressed syllable	Syllabe atone	مقطع غير منبر
Unvoiced	Non-voisé	غير مجهور
Unvoiced, voiceless	Sourd	مهموس
Unwritten	Non-écrit	غير مكتوب
Urgency	Urgence	استعجال
Urgent	Urgent	عاجل
Usage	Usage	استعمال
Useful	Utile	نافع
Utilitarian	Utilitaire	نفعي
Utility	Utilité	نفع
Uvula	Luette	لهاة
Uvular	Uvulaire	طبقي / الهوية
Uvular consonant	Consonne uvulaire	حرف طبقيّ

V

Vagueness	Vague (adj.)	غامض
Valence	Valence	استخدام
Valence 1	Valence 1	استخدام 1
Valence 2	Valence 2	استخدام 2
Valence 3	Valence 3	استخدام 3
Valorization	Vélarisation	اطباق
Value	Valeur	قيمة
Varbs of opinion	Opinion (verbes d'-)	افعال الظن
Variable	Variable	متغير
Variant	Variante	بديل- تنوع
Variant combination	Variante combinatoire	بديل تعاملي-تنوع
Variation	Variation (n.a.)	تنويع
Variation	Variation (sub.)	تنوع
Varieties of usage	Variantes d'usage	وجوه استعمال
Variety	Variété	بديل مرتبط
Vector	Vecteur	وجهة
Vectorial	Vectoriel	اتجاهي
Vehicular	Véhiculaire	ناقل
Velar	Faucal (= vélaire)	لهوي
Velar	Vélaire	لهوي
Velar	Guttural (= vélaire)	لهوي/حلقية
Velar articulation	Articulation vélaire	نطق لهوي
Velar consonant	Consonne vélaire	حرف لهويّ
Ventriloguy	Ventriloquie	نطق جوفي

Verb	Verbe	فعل
Verb forms	Modes des verbes	ضروب الافعال
Verbal	Verbal	فعلي
Verbal	Verbal	لفظي
Verbal adjective	Adjectif verbal	صفة مشبهة
Verbal aphasia	Aphasie verbale	حبسة لفظية
Verbal blindness	Cécité verbale	عمى لفظي
Verbal deafness	Surdité verbale	صمم لفظي
Verbal exchange	Échange verbal	تبادل حواري
Verbal formal	Forme verbale	صيغة الفعل
Verbal relation	Relation verbale	علاقة فعلية
Verbal sentence	Phrase verbale	جملة فعلية
Verbal syntagm	Syntagme verbal (= SV)	منظم فعلي (م ف)
Verbalization	Verbalisation	تلفيظ – فعلية
Verbiage	Verbigération	لغط
Verbose affixes	Affixes verbaux	زوائد التصريف
Verbs of order	Ordre (verbes d'-)	افعال الطلب
Verification	Vérification	تثبت
Verity	Vérité	حقيقة
Versification	Versification	نظم
Version	Version	نقل
Versus	Versus	مقابل
Vertical	Vertical	عمودي
Vertical axis	Axe vertical	محور عمودي
Vertical classification	Classification verticale	تبويب عمودي
Very long vowel	Voyelle ultra-longue	حركة طويلة للغاية

Very short vowel	Voyelle ultra-brève	حركة قصيرة للغاية
Vibrant	Vibrant (e)	تكريري
Vibrant consonant	Consonne vibrante	حرف تكريري
Vibration	Vibration	نزيز
Vibration	Vibration	ذبذبة
Vibratory	Vibratoire	اهتزازي
Violation	Viol	انتهاك
Violation of norms	Violation des normes	خرق المعايير
Virtual	Virtuel	كامل
Virtuality	Virtualité	كمون
Visible	Apparent	ظاهري
Vision	Vision	رؤية
Visual	Visuel	بصري
Vocabulary	Vocabulaire	جرد اصطلاحي – مفردات
Vocabulary	Vocabulaire (= lexique)	رصيد / مفردات معجمية
Vocal	Vocal	صوتي
Vocal appration	Appareil vocal	جهاز النطق
Vocal cord	Cordes vocales	أوتار صوتية
Vocal segment	Segment sonore	قطعة صوتية
Vocalic	Vocalique	حركي
Vocalic agglomeration	Agglomérat vocalique	تكتل حركي
Vocalic alternation	Alternance vocalique	تناوب الحركات
Vocalic complex	Complexe vocalique	مركب حركي
Vocalic lengthening	Allongement vocalique	إشباع الحركة

Vocalism	Vocalisme	نظام الحركات
Vocalization	Vocalisation	تحريك
Vocative	Volitif	ارادي
Vocative case	Vocatif	منادى
Voculic harmory	Harmonie vocalique	تناغم حركي
Voculic mutation	Métaphonie vocalique	تجانس حركي
Voice	Voix	صوت
Voice	Voix	صيغة الفعل
Voiced	Vocoïd	صائت
Voicement	Voisement	تجهير
Voicing	Voisé	مجهور
Voluation	Valorisation	تقويم
Vowel	Voyelle antérieure	حركة امامية
Vowel of disjunction	Voyelle de disjonction	حركة فاصلة
Vowel of liaison	Voyelle de liaison	حركة الوصل
Vulgar	Arabe vulgaire	عربية عامية
Vulgar	Vulgaire	سوقي / العامي

W

Wave	Onde	موجة
Wave	Vague (n.)	موجة
Waving	Ondulation	تموج
Weak verb	Verbe débile	فعل معتل
Weakness	Affaiblissement	تسهيل/ تخفيف
Weall letter	Lettre débile	حرف علة
Welsh, pertaining welsh	Gallois	الغالية
Wetness	Mouillure	تليين
Whistling	Sifflement	تصفيري
Why, that's why	Pourquoi (le)	اللم
Wind pipe	Tranchée-artère	قصبة الرئة
Wisdom	Sagesse	حكمة
Word	Lexie	كلمة
Word	Mot	لفظ / حكمة
Word accent	Accent de mot	نبر الكلمة
Word alexia	Alexie verbale	عمى الكلمات
Worn out	Vieux (= vieilli)	مهجور
Writing	Écriture	كتابة
Writing	Graphie	خط
Written	Écrit	مكتوب

Y

| Yodization | Yodisation | تليين يائي |
| Yugoslav | Yhougoslave | اليوغسلافية |

Z

Zero degree	Degré zero	درجة صفر
	Alalie	عِيّ
	Cercle philologique	سياج لغويّ
	Cerveau-mécanique	دماغ آلي

Printed in the United States
By Bookmasters